Asia-Pacific Human Rights Review 2002
アジア・太平洋人権レビュー2002
Initiatives and Challenges Combating Racism in the Asia-Pacific Region
人種主義の実態と差別撤廃に向けた取組み

(財)アジア・太平洋人権情報センター(ヒューライツ大阪)編

はじめに
——人種差別のない社会の実現をめざして

　本書は、(財)アジア・太平洋人権情報センターの調査研究活動の一環として、1997年以来毎年1回発行している『アジア・太平洋人権レビュー』の第6巻となる。毎回、第Ⅰ部では特定のテーマに焦点を当てて問題提起を行っており、第Ⅱ部では国連およびアジア・太平洋地域における人権活動の動向や、人権諸条約の設置した委員会が採択した一般的意見等の翻訳を掲載している。

　『アジア・太平洋人権レビュー2002』では、2001年に国連が「人種主義、人種差別、外国人排斥、および関連する不寛容に反対する世界会議」(反人種主義・差別撤廃世界会議)を開催したことを受けて、「人種主義の実態と差別撤廃に向けた取組み」をテーマとした。

　東西冷戦終結以降、人権の擁護と伸長をめざした国際社会における地道な努力にもかかわらず、世界各地で民族紛争が数多く発生するとともに、グローバル化が加速するなか、移住労働者や難民に対する排斥、および先住民族やマイノリティに対する人権侵害など、人種や皮膚の色、民族、社会的出身などに基づく差別が、世界各地で新たな様相を呈しながら深刻化している。

　そうしたなか、国連は1997年の総会決議に基づき、2001年8月28日から9月8日にかけて、南アフリカのダーバンにおいて、「反人種主義・差別撤廃世界会議」(WCAR)を開催したのである。人種差別の原因や形態、被害者を明らかにするとともに、予防、救済、保護、国際協調などについて、各国政府や国際機関などで話し合い、差別撤廃に向けた新たな行動計画作りを目的としていた。

　8月28日から9月1日まで開かれたNGOフォーラムには7,000人、8月31日から9月8日までの政府間会議には約170カ国の政府代表2,500人、NGOから4,000人が参加するという大規模な世界会議となった。

　しかし、会議中、イスラエル・パレスチナ問題をめぐり、「イスラエルは人種主義国家」、「シオニズムは新たなアパルトヘイト」などの文書草案の文言に抗議して、アメリカとイスラエルが中途で代表団を引きあげてしまった。

　また、過去の奴隷制や植民地主義に対する謝罪や補償をめぐって、アフリカ諸国・カリブ海諸国と欧米諸国との間に意見の大きな隔たりが見られ、混乱と対立が浮き彫りとなった。

　さらに、インド、ネパールなど南アジアのダリット(被差別カースト)や日本の被差別部落出身者などが被る「職業と世系(門地)に基づく差別」の議論では、インド政府が議題とすること自体に強く反対したため会議は紛糾し、成果文書に盛り込まれることなく会議は時間切れとなってしまった。

　そのような多くの対立と妥協が顕著に現れたものの、「世界会議」は人種

主義と闘うための数多くの取組みを国際機関や各国政府に促した宣言と行動計画を採択したのである。それらの実施に向けた施策を具体的に提言したり、実施状況をモニターしていくことを目的に、5人の独立した専門家からなる「反差別ユニット」が世界会議の事務局を担った国連人権高等弁務官事務所内に設置された。

　「世界会議」を終えた3日後の2001年9月11日、アメリカが同時多発テロに見舞われた。その結果、実行グループをかくまったとされるアフガニスタンのタリバン政権に対する米英軍などによる報復爆撃が行われた。また、世界会議で激論となったパレスチナをめぐる情勢は、2002年初頭から一段と深刻化している。

　本レビューでは、そうした混迷のなかでも、またこの混迷に立ち向かうために、地道に続けられる国際的な差別撤廃の取組みに呼応しながら、アジア・太平洋地域における人種主義の実態と差別撤廃に向けた方向性に関して、市民社会（NGO）の視点から検証していきたい。

　最後に、本書のために執筆や翻訳等にご尽力いただいた皆さまにお礼を申し上げたい。

　　　　　　　　　　（財）アジア・太平洋人権情報センター（ヒューライツ大阪）所長
　　　　　　　　　　　　　　　　　　　　　　　　　　　　　川島慶雄

はじめに 2

Part1 Initiatives and Challenges Combating Racism in the Asia-Pacific Region

人種主義の実態と差別撤廃に向けた取組み

Combating Racism after Durban: Focusing on the Issues of Asia and Asian Descendants

8 **反人種主義・差別撤廃世界会議後の人種主義との闘い**
とくにアジアとエイジアン・ディセンダンツを中心にして
武者小路公秀

Present situation and Challenges in Different Countries

各国における現状と課題

Challenges Facing Japan Concerning Racism against Korean Residents, and Migrant Workers and Their Family Members

14 **在日コリアンおよび移住労働者と
その家族に対する人種主義と日本の課題**
丹羽雅雄

Discrimination against Migrant Workers and the Human Rights Movement in Korea

22 **韓国における移住労働者に対する差別と人権運動**
リ・クミョン・セシリア　訳：郭 辰雄

dukkha-thae: the one who bears the suffering-Refugees from Burma & Racism in Thailand

33 **ドゥッカデー（苦難を背負った人）**
ビルマからの難民とタイにおける人種主義
クイニー・イースト　訳：岡田仁子

Non-Racist Solutions to Malaysian Problems

46 **人種主義のないマレーシアをめざして**
クァ・キャ・スーン　訳：小森めぐみ

Towards Providing a Better Way of Life for Our People - A speech celebrating the Maori Women's Welfare League's 50th Anniversary

55 **私たちの民族のよりよい生活に向けて**
ジャッキー・テ・カニ　訳：岡田仁子

How We Look at Muslims

59 **イスラム教徒へのまなざし**
八木久美子

Part2 Development of Human Rights Activities in the Asia-Pacific Region
アジア・太平洋地域の人権の動向

Development of Human Rights Activities in the United Nations and the Asia-Pacific Region
国連の動向とアジア・太平洋地域の人権

Human Rights Activities by UN in 2001
- 68 **2001年の国連の動き**
  藤井一成／野村文月／米田眞澄／石川えり／岡田仁子

Reporting Status of Asia-Pacific Countries by the Treaty Bodies in 2001
- 80 **条約委員会による2001年のアジア・太平洋地域国別人権状況審査**
  岩谷暢子

Views on Individual Communication Issued by the Treaty Bodies for 2001
- 100 **条約委員会による個人通報に関する見解**
  岡田仁子

Development of Human Rights Activities by the Governments and NGOs in the Asia-Pacific Region
アジア・太平洋地域の政府・NGOの動向

2nd World Congress against Commercial Sexual Exploitation of Children
- 105 **第2回子どもの商業的性的搾取に反対する世界会議**
  横浜会議から人権論への問題提起──「人権モデル」と「道徳モデル」
  森 実

Establishment of the National Human Rights Commission in Korea
- 108 **韓国における国家人権委員会の創設**
  藤本俊明

Conception of Human Rights Commission in Japan
- 111 **日本の人権委員会構想の問題点**
  金子匡良

The 6th Annual Meeting of the Asia Pacific Forum of National Human Rights Institutions
- 114 **アジア・太平洋国内人権機関フォーラム第6回年次会合**
  山科真澄

- 116 資料1●アジア・太平洋国内人権機関フォーラム第6回年次会合最終結論
  訳：山科真澄

Development of Human Rights Education in the Asia-Pacific Region
- 120 **アジア・太平洋地域における人権教育の動向**
  ジェファーソン・R・プランティリア　訳：岡田仁子＋藤本伸樹

Major International Human Rights Documents adopted in 2001
2001年採択の主要国際人権文書

- 123 資料2●子どもの権利委員会一般的意見1──教育の目的（第29条第1項）
  訳：平野裕二

- 131 資料3●自由権規約委員会一般的意見29──緊急事態（第4条）
  訳：藤本晃嗣

- 137 資料4●社会権規約委員会・総括所見 日本
  訳：社会権規約NGOレポート連絡会議

筆者紹介

武者小路公秀 ●むしゃこうじ・きんひで
ヒューライツ大阪会長・反差別国際運動事務局長・中部大学教授
Chairperson of HURIGHTS OSAKA, Secretary-General of IMADR, Professor of Chubu University

丹羽雅雄 ●にわ・まさお
弁護士・日本弁護士連合会人権擁護委員会国際人権部会長・「すべての外国人労働者とその家族の人権を守る関西ネットワーク（RINK）」代表
Lawyer, Chairperson of the Rights of Immigrants Network in Kansai

Lee, Kum Yeon Cecilia ●リ・クミョン・セシリア
「アニャン移住労働者の家」共同代表
Co-Chairperson, Anyagn Migrant Worker's Center

Queenie East ●クイニー・イースト
ALTSEAN-Burma研究員
Research Officer, Alternative ASEAN Network on Burma (ALTSEAN-Burma)

Kua Kia Soong ●クア・キア・スン
SUARAM所長、Dong Jiao Zong New Era College副学長
Director of SUARAM, Vice Principal and Academic Director of Dong Jiao Zong New Era College

Jacqui Te Kani ●ジャッキー・テ・カニ
マオリ女性福祉連盟会長
President, Maori Women's Welfare League

八木久美子 ●やぎ・くみこ
東京外国語大学助教授
Associate Professor, Tokyo University of Foreign Studies

Part1 Initiatives and Challenges Combating Racism in the Asia-Pacific Region

人種主義の実態と差別撤廃に向けた取組み

Combating Racism after Durban: Focusing on the Issues of Asia and Asian Descendants

反人種主義・差別撤廃世界会議後の人種主義との闘い
とくにアジアとエイジアン・ディセンダンツを中心にして

武者小路公秀●*Mushakoji Kinhide*

1.ダーバン会議で提示された歴史的課題

　2001年8月から9月にかけてダーバンで開かれた反人種主義・差別撤廃世界会議(以下では「ダーバン会議」と略称する)は、これに続いて起こった9.11事件とともに、西欧に端を発した資本主義世界経済の奴隷制と植民地主義の変質としての人種主義のグローバル化のひとつの転機となった。そのことは、とりもなおさず、アジア・太平洋地域における人種主義との闘いにも大きな影響を及ぼすことになった。

　ダーバン会議の主題は人種主義でも、これまでの国連の人権の議論のような抽象的な議論ではなく、とくに歴史的な流れのなかで起こった人種主義というものを問題にしたことが、この会議の特色となった。単に人種主義はいけないということでなく、奴隷制と植民地制度をその国益の推進に利用したのは誰かを問いただす会議であった。奴隷売買がいけないということは世界人権宣言にも書いてあるけれども、いったい誰が誰をどういうふうにして奴隷にしたかという歴史的なことは、これまで国連の人権論争のなかでは、誰も聞かなかった。その結果、人権が問題になるときには、必ず先進国が開発途上諸国における人権状況を批判する南北関係ができあがっていた。

　ところが、ダーバン会議においては、歴史がどうなっているかが問題にされて、「人権、人権」と開発途上諸国に対して偉そうなことを言ってきた米欧諸国に、厳しい反論が出された。つまり、奴隷制と植民地支配を推進してきたその結果として、いろいろな人種主義の問題、人権侵害の問題が出ているということが明らかに指摘されたのである。しかも、このことを主張したのは、たとえばアフリカの国々の政府であって、NGOに代表された民衆だけではなかったことが注目されてよい。

　この主題は、しかし、アフリカの問題として、日本、そしてアジア諸国が傍観してよい問題ではなかったことも強調する必

要がある。つまり、今日の日本の人種主義は、奴隷制と密接に関係している。たとえば、日本による朝鮮の植民地支配が、今日の在日コリアン差別を含むいろいろな型の差別を生み出したということを忘れることができない。さらに、中国とアジア・太平洋諸国に対する侵略も、多くの差別のもとになっている。それから奴隷制は日本にはないように思われがちであるが、従軍慰安婦問題は立派な性奴隷制であり、国家が軍事性奴隷制を制度化したものであるから、ヨーロッパの奴隷制よりもさらに質が悪い。

ダーバンで、アフリカを中心とする人種主義的な搾取の対象でもあった今日の開発途上諸国から、日本を含む先進工業諸国が突きつけられた問題は、今日グローバル化した世界政治経済のなかでますます募る人種主義と差別を、その歴史的な根から責め滅ぼすという、大変困難ではあるけれども、先進工業諸国が直ちに取り組まなければならない課題であったということができる。

この課題は、市民レベルと国家レベルとでは、前者のほうが後者よりも素直に受け入れたことが、ダーバン会議の特色であったといえる。つまり、NGOフォーラムでの討議をもとにまとめられた宣言と行動計画とは、グローバル化が奴隷制と植民地主義の路線を走り続けて、国際政治経済が行き着いた地点での人種主義と差別の諸問題をすべて取り上げ、その解決にあたるべきことを市民として認めるとともに、各自の政府に対して真剣に取り組むことを要求している。

その語調の激しさゆえに、一部先進工業諸国中心のNGOから、この宣言と行動計画を支持しない旨の意志表示を受け、マスコミにも叩かれてはいるが、差別されたものの立場をかなりよく表し、奴隷制と植民地主義の延長線上でグローバル化時代の人種主義と差別とを克服する方策について触れている。これに対して、政府間会議から出てきた宣言と行動計画は、かなりの問題については北側の国々が譲歩して注目すべき人種主義と差別撤廃のための政策が決定され盛り込まれてはいるが、以下で述べるとおり、最後まで先進工業諸国が譲歩しないままに最終文書から落ちている重要問題が注目を引く。

なかでも、今日、世界とくにアジアの注目を引いているパレスチナ問題が、ダーバンの市民レベル・国家レベル双方で問題とされた歴史的課題のなかに入っていた。パレスチナ問題を人種主義の枠の中で考えると、これは、最初は英国、第二次大戦後は米国の、中東における植民地主義政策、帝国主義政策の歴史の中の問題として捉えることができる。

本来ユダヤ人が祖国に帰るというシオニズム運動が現われた20世紀初頭には、なにもパレスチナ人を追い出して帰るということではまったくなかったのが、1948年のイスラエル建国の時には、パレスチナ人を追い出すという人種主義的な領域国家の主張が、イスラエルによって採用された。

そして、ダーバンのNGOフォーラムでは、南アフリカがアパルトヘイトを廃止した今日、この国家ぐるみの人種主義が残っ

ているのがイスラエルの占領地区である、ということが指摘された。なぜかというと、占領地区に住んでいる多くのパレスチナ人は、境界線を越えて毎日イスラエルに行って、イスラエルの工場で仕事をしている。そして夜になると帰る。これは、まさに南アフリカでやっていたように、住んでいる所は隔離して、労働だけは白人の住んでいる所に入れてこき使う。後はまた黒人ばかりの所に返すのと同じことがパレスチナ人に対して行われている。そして、テロが起こると、この境界線を閉じて、パレスチナ人の職を奪うことになっている。

2.先進国によるダーバン会議の政治化

このパレスチナの問題のほかに、ダーバン会議で政府間の合意が困難であった問題は、1つは人種主義の被害者の定義の問題で、いま1つは補償問題であった。その中心に位置していたのは、奴隷制と植民地支配の被害者に補償をしなければいけないということで、とくに、アフロ・ディセンダンツ、つまり奴隷にされて南北アメリカなどに移住させられたアフリカ人たちの子孫に対する補償が問題になった。それに合わせるかたちで、エイジアン・ディセンダンツという言葉が作られたことは、とくにアジア・太平洋地域の人種主義問題との関連で注目すべきであろう。

アフロ・ディセンダンツの場合は、主にアメリカになるが、エイジアン・ディセンダンツの場合は、南アジアの移住者などがイギリスなど西欧に、中国や日本などの移住者が北米やラテン・アメリカに多く生活しており、さまざまな差別を受けてきた。このエイジアン・ディセンダンツの場合、アフロ・ディセンダンツの場合のように完全な奴隷労働ではないけれども、やはり低賃金労働者として、欧米先進地域などに移民させられた。その意味で、やはり補償の問題が存在する。

この補償問題は、パレスチナ問題とともに、ダーバン会議が1日延びる原因となった。そして、ヨーロッパの国々が、正式に謝罪するということをはっきり言ったことで、一応の決着を見た。これは歴史的にすばらしいことである。ただし、この譲歩を勝ち取るために、アフリカ諸国のほうで、謝罪が金銭的な賠償を約束するものではないということを確認した。こうして奴隷制と植民地主義を推進してきた国々の責任が確認された。ただし、この謝罪にはアメリカは加わっていない。同国は、たくさん奴隷を運んでいるにもかかわらず、欧州諸国が謝罪する前に席を蹴立てて退場していたからである。ただし、アメリカから来たNGO代表たちは、米国政府は帰ったけれども、自分たち米国のNGOは、国に帰ったら賠償を政府に要求する運動を続けていくことを約束した。

いずれにせよ、ダーバン会議の政府間の協議においては、パレスチナ問題が最後まで残った。アメリカが退場した後も、1週間ほどヨーロッパ諸国は残って、アフリカ諸国との話を続けた。しかし、この諸国は、最後まで、イスラエルの人種主義的なパレスチナ民族への政策を非

難することを拒否し続けた。こうして、ダーバン会議は政治化した会議という批判を受けている。この「政治化」という言葉は、1970年代に、国連で、南の国々が、シオニズムは人種主義であるという決議など、ことあるごとに先進工業諸国に挑戦する決議を、その数にものをいわせて通していた頃に使われた言葉である。法的または政策的に議論すべきことを、南の政治的な利害という観点から「政治化」して取り扱うことへの批判の言葉だった。

ところが、ダーバン会議では、この「政治化」ということが誰によって行われたかという点で、一般にいわれているように、開発途上諸国の側が会議を「政治化」したのではなく、むしろ先進工業諸国が、さまざまなかたちで人種主義問題についての責任問題の法的・人権的な議論に入ることを拒否して、その政治的な解決を試みたものであるといえよう。

米国は、最も赤裸々なかたちで、退場によってその立場を「政治的」に表明した。世界最大の大国、米国が退場すれば、ダーバン会議の価値が下がることを計算しての政治的な戦略を選んだのである。一方、西欧諸国その他、日本を含む先進工業諸国政府は、ダーバン会議の準備諸会議で、いくつかの問題について譲歩しないことを明らかにして、これらの諸問題を、ガラスばりの公式会議から外して、アフリカ諸国あるいは、アフリカ、アジア、ラテン・アメリカ諸国と非公式に協議する方式に持ち込んだのである。これは、公式会議での法的・政策的な議論を避けて、開発途上諸国代表との政治折衝に持ち込んだわけで、まさにダーバン会議の政治化に成功したとしかいえない。したがって、ダーバン会議を政治化した責任を持つのは先進工業諸国であって、開発途上諸国ではない。

ところで、なぜダーバン会議がこのように先進工業諸国によって政治化されたかということは、その直後に起こった9.11事件と反テロ戦争のおかげで明らかになったということができる。なぜなら、奴隷制と植民地支配に始まる今日のグローバル化時代の人種主義と差別をめぐって、今日の反テロ戦争が展開されているからである。ダーバン会議の政治化は、その意味で反テロ戦争とは表裏一体で、写真でいえば、ダーバン会議が反テロ戦争というポジの画面のネガになっているということができる。

要するに、反テロ戦争は、奴隷制と植民地支配に端を発しているグローバル政治経済の新しい段階で、今までの、南に温情的だった1960年代のネオ・ケインズ主義を、南に厳しいネオ・リベラル国際市場経済の自由放任主義をさらに補強する強力な「夜警」覇権国家によって裏打ちする、第2段ネオ・リベラリズムの時代に入ったのである。この段階には、グローバル経済は自由放任主義だけれども、グローバル政治・軍事面では、アメリカの覇権によるグローバル経済秩序の安全を保障する。その他の先進工業諸国、つまりヨーロッパ、あるいは日本の政府が協力して、「反テロ国家連合体制」という名の総力戦体制を作るという仕組みができている。要するにグローバル経済では自由競争をやりながらも、「文明

国」全部でまとまって反テロ戦争ができるような、強いグローバル政治権力が作られたわけである。

　自由放任主義で政府が金を出してはいけないときに、1つだけ例外が許される。テロリズムに対する治安維持と戦争努力のための支出、とくに、科学技術開発は許されるようになった。そういうことで、情報技術バブルがはじけたアメリカ経済を支えるのに、同時多発テロが起こって強力な総力戦国家が軍事経済支出をできるようになったわけである。

　また、票の数え方が問題になった大統領選挙の後で、ブッシュ政権の政治的基盤を強化するのにも、この反テロ戦争の勃発が大いに貢献している。しかも、ブッシュ大統領の反テロ戦争のための覇権同盟形成の一大特徴は、これが、「悪の枢軸」に対して「文明」の名において推進されていることである。そうすることで、いつも人権を守らないなどということで「文明国」でないといわれそうな非西欧の国々は、文明のための連合であればこれに参加する、といわざるをえないと考えた。

3.ダーバン会議以後の世界

　このように、9.11事件以後の世界にでき上がった、第2期のネオ・リベラル・グローバル秩序は、実はダーバン会議で問題になった人種主義と差別の歴史の到達点でしかない、ということができよう。その証拠として、反テロ戦争のなかで、ダーバン会議で議題に上っていた人種主義の諸問題が、従来よりもはるかに鮮明な形をとるようになった。

①ダーバンNGO会議で「怒り」のこもる宣言や行動計画の文言が批判され、政府間会議で最後まで合意が形成されなかったパレスチナ人へのアパルトヘイトは、シャロン政権によるパレスチナ人の大量虐殺に拡大している。

②反テロ戦争の勃発以来、テロの犯人像を予測するプロファイリングが、イスラーム系の人物を想定して、捜査対象に多くの無辜のイスラーム系市民（とくにアジア系、アフリカ系）が尋問されるなど、ダーバン会議で弾劾された、いわゆるイスラーム排斥主義に基づく犯人探しが恒常化している。

③とくにフィリピンのモロ民族など、開発途上諸地域で民族解放運動が展開されている地域の人々が、アルカイダと共謀しているという嫌疑をかけられたり、拷問によってそのように自白させられるなど、ダーバンで問題にされたとおり、先住民族はじめマイノリティ民族の自決が踏みにじられ、乱暴な弾圧が強化されている。

④ロシアのチェチェン民族に対する大量虐殺とこれに続く武力による支配など、反テロ戦争が始まるまで、ダーバンでだけではなく広く世界世論によって批判されていた人種主義的な政府の人権侵害的な行動が、国際的に公認されるようになってしまっている。

⑤テロ対策の強化の一端として、先進工業諸国では、入国管理を極度に強化し、南からの移住者を厳重な監視の下に置くことで、ダーバン会議で衆目を

浴びたアフロ・ディセンダンツ、エイジアン・ディセンダンツはじめ、先進工業諸国への移住者、とくに移住者女性の人権侵害が深刻化している。

⑥ダーバン会議で人種主義に基づく不寛容が告発されたが、反テロ戦争をきっかけにして、ナイジェリアからインドネシアに至るアジアとアフリカの諸地域で、イスラーム教徒とキリスト教徒との紛争が激化している。

以上の6例が示しているように、ダーバン会議後の世界は、ダーバン会議が想定していたよりは、はるかに深刻なかたちで、この会議が取り上げた人種主義と差別の諸問題がさまざまなかたちで表面化する世界である。とくにアジア金融危機を経験した諸国をはじめ、グローバル経済による困窮化、あるいは貧困の格差が増大しているアジアでは、反テロ戦争以前からの人種主義・差別の経済的な諸要因と重なるようなかたちで、文明の衝突とも解されている反テロ戦争の善悪二分法の論理が人種主義、人種差別、自民族至上主義、不寛容を強化している。

しかし、このことをただ悲観の材料として、ダーバン会議の無力を嘆くべきではない。ダーバン会議のおかげで、世界各国の市民NGOと被差別諸集団の解放のために闘う諸運動との対話・協力の芽が芽生えた。その結果、たとえば、2002年2月にブラジルのポルトアレーグレで集まって、グローバル化と覇権主義に対する闘いを約束しあった多くの人々のなかには、ダーバン会議に参加していた人々が含まれていた。2002年4月にワシントンで大集会を開いた人々も、上記6点を含むダーバン会議でのNGOの主張を米国の首府での大集会に持ち込んだ。その意味で、ダーバン会議は、国家レベルの人種主義と覇権主義にブレーキをかけることはできなかったけれども、市民運動と被差別者の諸運動との連携の基盤をつくり、今日の反差別運動のあるべき姿を明確にしてくれた。いまこそ、反テロ戦争とは違った人権重視と非暴力の大原則を掲げた反差別闘争を展開するべきときである。

●各国における現状と課題

Challenges Facing Japan Concerning Racism against Korean Residents, and Migrant Workers and Their Family Members

在日コリアンおよび移住労働者とその家族に対する人種主義と日本の課題

丹羽雅雄●Niwa Masao

1. 21世紀初頭の日本における人種主義の徴候

　日本社会には、戦前の日本国家による植民地支配の結果、戦後も「在日」を余儀なくされた旧植民地出身者とその子孫と、南北経済格差を主な要因として1980年代以降に来日した移住労働者とその家族が生活をし、労働している。旧植民地出身者とその子孫の圧倒的多数者は在日コリアンであり、2000年末現在では、韓国籍・朝鮮籍者は507,429人（特別永住者）、日本国籍コリアン（「帰化者」）は約24万人強である。また、移住労働者とその家族（移住者、難民も含む）の総数は約120万人であり、そのうちの約23万人が超過滞在者である（財団法人入管協会発行『2001年版在留外国人統計』より）。

　2000年3月24日、法務省出入国管理局は、当面する外国籍者の出入国管理に関して、「第2次基本計画」を告示・発表した。この基本計画の特徴は、第1に、「国際化の進展とともに、通信・運輸手段の発展と経済システムの自由化の進行によるグローバリゼーションが顕著な現象となっている」として、グローバリゼーションに対応する必要があることを謳ったことにある。第2に、「わが国社会は少子・高齢化の時代を迎えており、特に2000年代から予測されている人口の減少、それに伴う労働力の減少」に対応するため、積極的に移住労働者を受け入れていくことを基調としている。このように、「第2次基本計画」は、グローバリゼーションという経済政策と少子・高齢化という人口政策から、本格的な「移住労働者の受け入れ」基調を提起し、国家利益の視点から、移住労働者とその家族の労働力を積極的に利用しようとしている。

　他方、現在の日本社会には、公権力・公務員や民間施設や民間人による草の根的な「差別・排外主義」が台頭してい

る。2000年4月9日、石原東京都知事は、陸上自衛隊練馬駐屯地での創隊記念式典において、「三国人」という歴史的な差別用語を使用し、「不法入国した三国人、外国人の凶悪な犯罪が繰り返されている。震災が起きたら騒擾が予想される。警察だけでは限度がある」と演説し、自衛隊の治安出動を促している。また、警察は、全国各地の防犯広報において、「中国人かな、と思ったら110番」、「建物内で中国語で話しているのを見かけたら110番」などと記した防犯チラシを配布している。そして、「警察白書」において、「来日外国人」による犯罪の増加と凶悪化を謳っている。民間においても、飲食店、公衆浴場、ホテル、一般商店などにおいて、「日本人専用店」とするプレートの提示、「中国人お断り」とする看板が掲げられ、入店拒否が多発している。さらに、マンションやアパートへの外国人の入居拒否、2001年5月の富山県でのコーラン破棄事件など、外国人嫌悪（ゼノフォビア）による差別・排外的動向が顕著となっている。また、2001年9月11日の米国同時多発攻撃以降、アフガニスタン人11人の一斉検挙なども行われている。

21世紀初頭の日本社会は、「経済のグローバリズムと少子・高齢化」が叫ばれるなかで、多様な民族性と文化性を有する移住労働者とその家族を労働力として積極的に受け入れていこうとする基調と、他方、外国籍者を治安管理の対象とする日本民族中心主義的な「差別・排外主義」の台頭が、有機的に混在しており、日本社会に人種差別的な緊張を生み出している。

2.在日コリアンに対する人種主義

（1）植民地支配と戦後の日本国籍の一方的喪失

在日コリアンの大半は、日本の朝鮮植民地支配（1910～1945年）の結果、日本帝国臣民として渡日した人々とその子孫である。とりわけ1930年代後半から開始された「強制連行」は、朝鮮人を、日本の鉱山、工場、土木工事における強制労働に追いやった。同時に、日本国家のアジアにおける侵略戦争に「皇軍」として狩り出され、多くの人的犠牲を強いられた。日本の朝鮮植民地支配の特色は、朝鮮語教育禁止、朝鮮人名を日本式氏名に変える創氏改名など、朝鮮民族としてのアイデンティティを徹底して解体し、天皇の「赤子」とする皇民化政策にあった。そして、1945年8月15日の日本敗戦による「帝国多民族国家」の解体とその後の日本社会の状況は、「在日」する朝鮮人の解放とはなりえなかった。日本政府は、敗戦直後、単一民族国家秩序の厳守と天皇制国体護持を目的として、「在日朝鮮人」に対して、その有する参政権を停止した。

その後、1947年5月2日、天皇最後の勅令である外国人登録令によって、未だ日本国籍を有する「在日」を外国人登録・管理の対象とした。他方、日本の朝鮮植民地支配によって奪われた民族性を回復するための「民族教育確立運動」に対しては、「在日」が未だ日本国籍者

であるとして、これを認めず弾圧した。そして、1952年4月19日、法務府民事局長通達によって、同年4月28日サンフランシスコ講和条約発効による日本国家の主権回復と引き換えに、「在日」に対して、一方的一律に日本国籍を喪失させた。以後、「在日」は外国籍者となり、出入国管理令と外国人登録法によって指紋押捺義務や外国人登録証の常時携帯義務を課され、徹底した「同化と管理と排除」の対象となった。さらに日本政府は、「在日」に対する数々の民族差別を、日本国籍を有しないことを理由とする「国籍差別」政策として貫徹していった。

(2) 民族差別に基づく国家補償、社会保障からの排除

日本政府は、第2次大戦中に、約45万人の朝鮮人・台湾人(旧植民地出身者)を軍人・軍属として徴用し、このうち約5万人が日本の侵略戦争のなかで死んでいった。日本政府は、1952年4月30日、「戦傷病者戦没者遺族等援護法」を公布・施行し、同年4月1日に遡及適用するとともに、翌年、「恩給法」復活させた。しかし、これら法律には、「国籍(戸籍)条項」が設けられており、「在日軍人・軍属」は、これら法律の適用から完全に排除された。

その後、在日軍属らによる、憲法第14条「法の下の平等」適用を求める裁判のなかで、1999年10月15日、大阪高裁は、「憲法14条や、自由権規約26条に違反する疑いがあり」、「国会が速やかに条項改廃や立法措置で、差別的な取り扱いを是正することが要請される」との判断を示した。2000年5月、国会において、「戦没者遺族等に対する弔慰金等の支給に関する法律」が成立し、「在日遺族」に対して260万円、重度戦傷者に400万円が一時金として支給されることになった。しかし、永年支給される日本国籍者に比して、その一時金支給額は、日本国籍者の1年分相当にすぎない。

また、日本政府は1959年、国民年金制度を創設した際、「国民のための年金」として「国籍要件」を設けて、「在日」を排除した。その後、1979年の国際人権規約の批准、1981年の難民条約の加入に伴い、1980年4月から公営住宅、国民金融公庫の国籍条項が、1982年1月からは国民年金や児童手当などの国籍条項が撤廃されるに至った。しかし、1982年の国民年金の改定の際、「在日」に対しては、日本国籍者に対しては行われた無拠出の福祉年金の支給や受給要件(加入期間)の特例措置などの救済措置をとらず、年金制度上、すでに加入できない「在日」の高齢者や、すでに障害を負っている「在日」は無年金者となった。

(3) 民族教育の制度的差別

民族教育は、民族的少数者の人権にとって中心的位置を占める。しかしながら、日本国家と日本社会は、戦後一貫して、「在日」の民族教育に対して、消極的対応ばかりでなく抑圧的政策を強行してきた。2000年7月現在、日本で生まれ育った「在日」の子どもたちに、自己の民族文化を維持し継承させる目的で設立された民族学校は、131校で、約2万

人の児童、生徒、学生が学んでいる。日本政府は、1965年12月28日、文部事務次官通達を発し、この民族学校（朝鮮学校）に対して、「我が国の社会にとって、各種学校の地位を与える積極的意義を有するものとは認められないので、これを各種学校として認可すべきでない」とした。

しかし、この国の通達に反して、都道府県は、朝鮮学校を各種学校として認可してきた。だが、各種補助金の差別的取扱いばかりでなく、朝鮮学校卒業生の大学受験資格については、1997年現在で、国立大学のすべて、公立大学53校のうち23校、私立大学422校のうち203校が、これを認めていない。他方、「在日」の子どもたちの約85％は一般の公立学校に通学している。しかし、日本の公立小・中・高等学校には、民族教育の制度的保障は未だ確立されてはいない。1948年日本政府は、「朝鮮人学校閉鎖」命令の代替措置として、公立学校の放課後の時間を使った民族教育を一定認め、その後、各地に、地方自治体が任用する民族講師が「在日」生徒に対して民族の言葉や歴史を教える「民族学級」が生まれた。しかし、民族講師への差別的対応と行政の無施策、日本人教員の無理解などにより、衰退の一途をたどった。

他方、1970年代以降、「在日」による反差別運動の高揚のなかで、大阪を中心として、「自主的民族学級」が設けられてきた。しかし、この「民族学級」は、自主活動（クラブ）としての位置づけしかなく、行政措置もないなかで、民族講師の献身的な努力と、「在日」および日本人教員の民族教育に馳せる熱い思いに支えられているのが現状である。このように、日本政府は、民族教育に対しては一貫して消極的であり、財政的支援を含む制度的保障を講じてはいない。

（4）朝鮮学校生徒への人種的憎悪と暴力行為

「在日」は、日本の敗戦、祖国の植民地支配からの解放にもかかわらず、その後の東アジアにおける冷戦構造によって、祖国が分断され、「在日」内部にも南北対立が持ち込まれた。「在日」は、日本政府の朝鮮半島をめぐる時々の外交政策に強い影響を受けざるをえない存在であった。このような日本政府の外交政策と日本社会に根深く存在する朝鮮人に対する差別意識は、時として、日本人による暴力行為として、とりわけ朝鮮学校の生徒たちに襲いかかっている。近時の暴力事件は以下のとおりである。

1989年10月19日の衆議院予算委員会で、公安調査庁次長は、「（朝鮮総連は）公安維持にとって無視できない団体で、危険な存在だ」と答弁した。この発言の翌日から、チマ・チョゴリを着ている朝鮮学校女子生徒への暴行が始まり、およそ20日間で、全国で48件、64人の生徒が暴力被害にあった。1994年4月、日本政府による「北朝鮮核疑惑」問題の際には、約4カ月の間、同女子生徒に対して、殴る、髪を切る、服を切るといった暴力事件が多発した。さらに、1998年8月31日の「北朝鮮テポドン事件」以降、同生徒に対する暴力事件は、57件以上

にのぼった。「朝鮮学校の水槽に毒を入れた」、「チマ・チョゴリを着ている女子中学生を拉致して全裸で荒川の土手に放置する」といった脅迫電話や、民族団体の宿直職員を殺害のうえ放火するという残忍極まりない事件まで発生している。

しかしながら、これら暴力事件はほとんどが未解決のままであり、1998年に発生した57件の暴力事件のうち、警察が認知したのは6件、検挙者は0件であった。

(5) 就職差別と社会参画からの排除

1953年、内閣法制局は、「在日」の公務員任用に関して、「公権力の行使または国家意思形成への参画に携わる者については、日本国籍を有するものと解すべき」との「当然の法理」の見解を示した。その後、1973年、上記法理は、自治大臣通達によって地方自治体の一般事務職にも拡大され、受験資格も認められずにきた。しかし、1996年、川崎市によって原則的に地方公務員採用の国籍条項が全廃され、現在、各地方自治体に波及しているのが実態である。また、私企業における就職差別も後を絶たない。とりわけ、民族名による採用はほとんどなく、なんらの法的規制の存在しないなかで、被害者への有効な救済はなされてはいない。

また、在日5世の時代に入った日本社会は、地域社会の構成員である「在日」に対して地方自治体の参政権すら保障しておらず、「住民」として認めてはいない。また、近時、町村合併に関して、滋賀県米原町が永住者に対して住民投票を認める条例を制定したが、未だ多くの地方自治体は「在日」に対して住民投票すら認めてはいないのが現状である。

3. 移住労働者とその家族に対する人種主義

(1) 経済のグローバリゼーションと国際的労働力移動

現在の国際経済の特徴は、多国籍資本や企業が支配的資本形態となり、資本の再生産や企業利益を確保するために、国有企業の民営化や政府規制の緩和・撤廃など世界的な経済の自由化と市場原理主義が拡大していることにある。この世界的規模で展開されている経済のグローバリズムは、世界各地で雇用不安を生み出し、アジア、第三世界の人々を低賃金の労働力として利用し、その労働力を再配置しようとしている。そして、莫大な経済的利潤は、「先進資本主義諸国」(北)に集中し、「発展途上国」(南)との経済格差はますます拡大している(南北問題)。さらに、この経済のグローバリズムは、南北間の経済格差の増大のみならず、「発展途上国」の人々が「移住労働者」として海を渡って働かざるをえない原因となっている。そして、日本を含む「先進諸国」は、これら「移住労働者」の労働力の利用とともに、「労働力調整」のために、彼(女)らに対する「管理」を強化している。

(2) 日本における血統および民族的出身に基づく受入れと在留の選別

日本には、2000年末現在、旧植民地

出身者とその子孫を除いて、約120万人の移住労働者とその家族（難民、移住労働者を含む）が居住している。そのうちの約23万人は、超過滞在者などの不正規滞在者である。

1990年、日本政府は、入管法改定によって、不足する労働力を確保するため、建前では「単純労働」を認めないとしながら、「日系人」2世、3世とその家族を就労可能な在留資格者（日本人の配偶者等、定住者）として受け入れた。

2000年末現在、「日系人」は30万人を超えている。そして、これら「日系人」に対する特別枠の設定の論理は、「単一民族社会と国民国家論」であった。すなわち、「移民で外国に行った者の子孫なら、日本に帰って永住しても同化しやすい」、「同じ血がつながった民族だから安心感がある」というものであった。このような「単一民族社会と国民国家論」によって、一般の移住労働者の受入れを禁止しつつ、他方、血統主義的資格要件に基づいて選別的に「日系人」を受け入れるという政策は、血統および民族的出身に基づく差別的受入政策といえる。

(3) ブラジル人少年に対する集団傷害致死事件

1997年10月、愛知県小牧市で起きたブラジル人少年傷害致死事件は、外国人嫌悪に基づく集団犯罪行為であった。この事件では、約30名の日本人男性（18～20歳）が、木刀や金属バット、鉄パイプ、ナイフ等で武装し、小牧駅前に集まっていたブラジル人少年を襲撃し、3名に傷害を負わせたうえで、他の1名であるエルクラノ君（当時14歳）を拉致して、総数27名で集団暴行を行い、彼を死亡させるに至っている。日本人男性たち（主として少年）は、襲撃に際して、「何しに日本に来とるんや」、「ブラジルに帰れ」、「日本人をバカにしとるんじゃないぞ」、「ガイジン、デカイ面するな」、「おれたちの国から出て行け」などと怒号している。これら人種的憎悪と暴力行為に対しても、日本には特別の犯罪類型は存在せず、刑事裁判にかけられたのは6名にすぎず、最高刑でも懲役5年であった。

(4) 公権力・公務員による人種主義

警察庁は、「警察白書」の中で、定住者や駐留米軍関係者を除いて「来日外国人」というカテゴリーを作り出し、外国人犯罪の増加と凶悪化を強調している。しかし、特定の社会集団を、その在留歴、年齢、職業などを一切捨象して犯罪一般と関連づけることは、差別の助長と扇動になりかねない。近時、マスコミは、警察発表の「外国人犯罪」をそのまま報道しており、そのなかでも、疑われる犯人像を「外国人風」と表現する記事が、1997年までは50件前後であったものが、2001年には約200件にもなっている。

また、警察白書にいう「来日外国人犯罪」には入管法違反も含まれており、殺人、放火、強姦などの凶悪犯罪は、決して増加しているわけではない。他方、警察白書では、外国人が日本人による犯罪で受けた被害の数すら公表してはいない。また、各地の警察は、防犯広報に

おいて、「中国人かなと思ったら110番」、「不審な外国人が家の周りに数人たむろしているなどの状況があれば、直ぐに警察に連絡を」、「怪しい者＝地元で見かけない外国人、片言の日本語で道を尋ねる外国人、交通機関の利用が不自然な外国人を見かけたら迷わず110番」などを呼びかけている。これら警察による防犯広報は、2000年4月9日の石原東京都知事の「三国人」発言と同様に、「国又は地方の公の当局又は機関の言動が人種差別を助長し又は扇動するもの」と評価しうるものである。

(5) 民間施設（人）による人種主義

マスコミの外国人犯罪報道が警察発表をほとんどそのまま公表している実態はすでに述べたとおりであるが、民間商業施設においても、人種や民族に基づく「入店拒否」が相次いでいる。北海道における「日本人専用店」とする飲食店の看板の掲示、公衆浴場の「外国人お断り」の看板、東京都内の「外国人入店お断り」とする喫茶店、ホテルの対応など、人種と民族に基づく入店差別が全国各地に拡大している。また、浜松市内のブラジル人女性に対する「宝石店への入店拒否事件」は、静岡地裁浜松支部において、人種差別撤廃条約を間接適用し、不法行為と認定している（1999年10月12日）。

(6) 外国籍女性に対する人身売買と家庭内暴力

日本では、1980年代後半以降現在まで、アジアや南米の女性に対して、ブローカーを介して短期滞在や興行在留資格にて来日させ、仲介料と称する多額の債務を負わせ、性産業に従事させるなどの事例が多数存在する。他方、日本における国際結婚の増加に伴って、家庭内暴力の被害も拡大している。「お前の国の食べ物は臭いから作るな」、「お前の国の友だちは作るな」、「日本語しか使うな」などといった暴力を伴う日本人夫からの言動は、人種差別と性差別の複合的な差別である。とりわけ、中国や韓国、フィリピンなどから来て結婚仲介業者を通して結婚した外国籍女性たちのなかには、「子どもを生む道具」として取り扱われ、子どもを出産すると離婚を申し立てられたり、帰国を強要されたりする事例も存在している。

(7) 子どもの教育と人種主義

移住労働者の定住化に伴い、その子どもたちの多くは日本の公立学校に通学する。しかし、公立学校の教育は日本語教育であり、母語教育のカリキュラムは存在しない。多くの外国籍の子どもたちは、日本人中心の教育環境に適合できず、次第に義務教育からも中途退学したり、不登校となっている。他方、近時、全国各地でブラジル人学校が開校されてきている。しかし、地方自治体は、各種学校としても認可せず、補助金も存在してはいない。

(8) 入国管理施設における人種主義

日本政府は、入管法違反に問われた外国人を、妊婦、病人、子どもを問わず収容している。とりわけ、外国籍子ども

（20歳未満）の収容は、1999年で558人にも達している。さらに、2年以上に及ぶ長期収容や、入管内での職員による人種差別的暴力行為の発生に対して、日本政府は、自由権規約人権委員会から、「警察や入管職員による虐待」の申立を調査や救済するために政府から独立した人権機関の早期設置を勧告されるに至っている（1998年11月5日）。

4. 人種主義と闘う総合的な人権政策の確立を

　日本国家は、未だ在日コリアンをはじめとする旧植民地出身者に対して、真摯な謝罪と十分なる戦後補償を行ってはいない。歴史認識を深化・共有化するための機関の設置と教育カリキュラムの策定とともに、「植民地支配の謝罪と戦後補償の特別立法」の制定が要請されている。また、日本の外国人法制は、入管法と外国人登録法という「管理法」によって成り立っており、外国人人権基本法や人種差別禁止法は存在しない。国連の条約監視機関から、再々にわたって勧告されている「人種差別禁止法」の制定は、日本社会の反人種主義政策にとって緊急の課題である。同時に、迅速に、手軽で安価に利用できる救済機関として、反差別と人権の実定法の確立と並行しつつ、準司法機関たる政府から独立した国内人権機関の設置が要請されている。

　日本社会には、「単一民族社会」という幻想集団意識が強固に存在している。異文化を認め尊重する多民族・多文化共生社会へのプログラムには、「同化」から「異化」への解放の「人権教育プログラム」の策定が不可欠である。人種主義は、人間の尊厳への脅威であるばかりでなく、平和への脅威でもある。21世紀を平和で人権文化が開花した国際社会に創造するために、国内における反差別と人権法制の確立とともに、国際的なNGO活動の連携とその真価が問われている。

《参考文献》
・2002年3月20日人種差別撤廃委員会の日本政府報告に対する「最終見解」。
・法学セミナー2001年7月号（No.559）57頁以下。
・反差別国際運動日本委員会編『国連から見た日本の人種差別』（解放出版社、2001年）。

● 各国における現状と課題

Discrimination against Migrant Workers and the Human Rights Movement in Korea

韓国における移住労働者に対する差別と人権運動

リ・クミョン・セシリア ● Lee, Kum Yeon Cecilia

1.はじめに

　東南・南アジアの各国から韓国の労働市場に移住労働者たちが流入し始めたのは1988年のソウル・オリンピックが契機であった。不法状態で市場に流入した未登録移住労働者たちが増えるなかで、韓国政府は1991年に産業技術研修制度を実施し、単純労働力が必要とされる産業現場に産業技術研修生を導入し始めた。その地位を研修生と未登録移住労働者たちが満たし始めたのである。移住労働者たちに対する政策的な配慮がほとんどない状態で、研修生に依拠して産業現場に外国人労働力が投入され、韓国の労働市場には不法滞在者あるいは未登録移住労働者と研修生で構成される「外国人」と韓国労働者が共存せざるをえない状況が生み出された。韓国系である中国同胞（朝鮮族）は自らを「外国人労働者」と呼ぶことにためらいを見せており、事実上、現在の労働現場は韓国人、中国同胞そして第三世界から来た「外国人労働者」で構成されている。

　単一民族であることを誇りとし、長年にわたって「私たち」という言語のもと、単一文化圏で生きてきた韓国人にとって、移住労働者、とくに東南・南アジア、アフリカそして西南アジアのイスラム圏から来た移住労働者たちは経済問題以外にも社会、文化的な新しい挑戦をもたらすものであった。韓国における移住労働者たちの存在は、その存在自体が韓国人たちに多くの変化を要求するものになったのである。その変化の要求にあって最も大きなテーマは、単一文化圏の単一民族を誇りとする民族的閉鎖性の開放を要求したことである。このことは必ずや「人種差別」という人権問題と連結するものである。なぜならそれは、人権国家として努力しようとしている韓国政府と個々人すべてを含め、移住労働者に対して「私たち」がどのような態度をとるか

は、必ずや人権保障に対する基本指標として表れてくるためである。

韓国には国連に加入し、各種の国際人権条約を批准している国家として人権を保障しなければならない責務が要求されている。2001年は人権法の制定と国家人権委員会の設立などもあり、いま私たちは移住労働者などの人権のための活動においても転換点を迎えていることを認めなければならない。

2.移住労働者が受けている人権侵害の実態

韓国における移住労働者はまず労働者としての地位が不安定である。韓国の移住労働者の類型は次のとおりである。
①産業技術研修生
②海外投資法人(現地進出企業)研修生
③未登録移住労働者(不法滞在者)
④女性移住労働者
⑤専門職に従事する移住労働者

ここで主に取り上げようとする移住労働者は⑤を除くすべての労働者であり、その人権侵害と人種差別的な要素を見てみる。

(1) 産業技術研修生

産業技術研修生は、1991年の導入から現在に至っているが、この制度はすでに「現代版奴隷制度」という悪名を受けており、人権運動団体の抵抗を受けてきた。2001年7月末現在で研修生は7万余名であり、外国人労働者全体の22%程度を占めている。研修制度に対する最も大きな抵抗のひとつとして、1995年1月の明洞聖堂でのネパール人研修生たちが「殴るな」、「われわれは奴隷ではない」と叫んで籠城を繰り広げた事例を挙げることができる。彼らの抵抗は、韓国社会に移住労働者の人権状況の深刻さを知らしめる契機となった。研修生は事実上の労働者であるが、研修生という「身分の足かせ」により、労働者として保障されなければならない労働三権の保障、賃金、労働条件において、韓国人労働者との差別はもちろん、未登録移住労働者よりも低い賃金で搾取されているのである。

研修生の流入と配置は、利益団体である中小企業協同組合の傘下に置かれた「産業技術研修協力団」が管理責任を引き受けており、各国別に研修生の管理団体と結託して研修生を搾取する先頭に立っているのである。研修生たちは韓国に入国する過程で多大な費用を支払い、入国しても低い賃金で仕事をせざるをえず、その費用の分を稼ぐために研修企業を離れ、自ら「不法滞在者」となっている。パスポートの差押えはもちろん、賃金の一部の強制積立てなども行われており、研修企業から離れればパスポートもなく、銀行に積み立てられた自分の賃金まで手にすることができないのである。研修制度がひとつの「人種」のように取り扱われているなかで、政府はこの制度を放棄しようとしていない。

(2) 海外投資法人研修生

海外投資法人研修生の問題は、いっそう深刻である。韓国の多くの企業が海

外に進出し、現地で労働者を募集して国内の親企業に派遣労働をさせる形態をとっており、この労働者たちの場合、人権侵害は相当に深刻である。研修生ビザ（D-3）を受け、集団で入国させて産業現場に派遣するのであるが、大部分の産業研修生とは異なり、規模が大きな企業が主にこの労働力を導入し、搾取しているのである。彼らは会社の寄宿舎で生活し、そのほとんどが監禁労働に該当するような奴隷労働をしている。賃金もまた①の産業研修生よりはるかに低い賃金であり、それさえもそのまま本人に全額、直接に渡されるのではなく、その一部が強制積立てされている。彼らはまた労働災害にあった場合でも、労働災害補償保険法が適用されるとはいえ、労働災害発生がどの程度であるのか、労働災害時の治療が十分に行われているのか、あるいは強制送還されているのではないかということを把握するのが困難な状況にある。

事業所の移動は不可能で、パスポートの差押えと外出禁止を受けており、文化的な恩恵を受けることができないのはもちろん、生活上での自由な社会参加もまったく保障されていない。現地法人研修生が仕事をしている事業所では人権団体が接触することも難しく、彼らもまた外出が自由に認められていないために人権侵害を申告することすら難しいのが現実である。

(3) 未登録移住労働者

未登録移住労働者は約22万人で、全体の移住労働者のうち70%程度を占めている。未登録移住労働者の多くの部分は、産業研修生などが自ら不法滞在者となった事例である。未登録移住労働者は長期滞在する傾向を持っており、ある部分は韓国人と結婚するなど、新たな居住者として見ることが必要とされている人たちである。研修生よりも高い賃金をもらって仕事をしており、比較的移動が自由であるが、つねに法務部出入国管理局の監視と統制によって圧迫を受けている。いつ取締りにあって強制送還されるかもしれない危険のなかで生きているのである。労働部は彼らに勤労基準法を適用し、労働災害発生時には補償を受けることができるようにしているが、労働許可を与える考えはなく、必要により彼らを利用している。法的な保護がないなかで、賃金未払い、労働災害、暴行、長時間労働と休日労働、低賃金、職業病、暴言など、韓国人との差別待遇による人権侵害を受けている。また医療保険の受給資格がまったくなく、健康権が侵害されている状態である。

「不法滞在者」は「研修生」と同様に、もう1つの人種のように取り扱われている。各種の社会教育の機会や医療保険の恩恵などから疎外され、存在しているにもかかわらず、存在しない者として見なされているのである。未登録移住労働者に対する法務部の集中取締りが2000年6～7月に行われたが、このときは取締りを逃れるために山に身を隠さねばならないなど、最も深刻な恐怖の時期であった。

(4) 女性移住労働者

娯楽産業に流入した女性たちは主に

フィリピン、ロシアの女性たちであり、その数字は徐々に増加傾向にある。彼女らはナイトクラブのダンサーとして仕事をしているが、売春を強要され、賃金の搾取はもちろん、賃金を支給されていなかったり、監視によって外出と移動の自由を奪われるなど、大きな困難を経験している。製造業に従事している女性たちは、男性労働者が経験している賃金未払いと労働災害、暴行と職業病、長時間労働や休日労働など、劣悪な環境に置かれている点で大きな違いはない。そのうえ女性であるがゆえのセクシャル・ハラスメントや性暴行などで差別が加重されており、同一労働であっても男性移住労働者に比して低賃金であるなど、その条件において差別的な待遇を受けている。

(5) 専門職に従事する移住労働者

専門職に従事している移住労働者のうち、英語講師たちも搾取を受けているという点では同様である。英語講師の大部分はパスポートを差し押さえられており、彼らは労働災害や職業病に対する保護を受けることもできない。大部分の英語講師たちは臨時契約労働者として仕事をしており、健康上の理由で契約期間を満了できない場合、一方的に被害を被っており、これを保護する対策もほとんどないという実態である。

3.政府の移住労働者政策

韓国政府の移住労働者に対する政策は一貫性がなく行われてきた。1991年に法務部の訓令により、産業技術研修ビザ発給に関する業務指針が発表され、移住労働者が導入され始めた。これ以降、1994年には産業技術研修制度が作られ、研修生制度が定着し、これによって韓国には未登録移住労働者（不法滞在者）と産業技術研修生が並んで存在しながら、人権侵害問題を量産してきた。未登録移住労働者たちが深刻な労働災害に対して籠城を行って問題提起をして以後、1995年3月から未登録移住労働者にも労働災害補償保険法を適用し始めた。

一方、研修生に対する人権侵害が引き続き社会問題化されるや、1995年には「外国人産業技術研修生の保護および管理に関する指針」を制定・公布し、その年の3月1日から産業技術研修生に対する最低賃金制の適用と暴行禁止など、勤労基準法の8つの条項を適用すると発表した。これは、1995年に明洞聖堂で人権団体と研修生がテント籠城を繰り広げた結果である。

これ以後も研修制度が人権団体から継続して問題提起を受けるなか、1996年に労働部を中心とする政府は雇用許可制を導入するという政策を検討するとしたものの、結局実現されず、研修制度に固執している。1996年には研修制度を修正し、「就業研修生」という名前で2年間の研修を終えた研修生に1年間の労働者としての資格を付与するという、いわゆる2+1制度を発表した。これは、研修制度中心の政府政策を変えることはないということを知らしめたものであった。研修制度に固執する政府の政策を

あざ笑うかのように、研修生たちは絶え間なく研修地を離れて不法滞在者となっていった。未登録移住労働者の人権問題が社会問題化し、圧迫を受けてきた労働部は、彼らにも勤労基準法を適用することを1998年に発表した。

海外投資法人研修生たちの人権問題に対して政府は、1999年に「海外合作投資会社産業技術研修生保護指針」を発表し、最低賃金制および労働保険を適用することを発表した。2000年度になって、また再び雇用許可制に関する論議が浮上したものの、研修制度を運営する集団の反対により霧散してしまい現在に至っている。

韓国政府は移住労働者たちの必要性に対しては認めながらも、彼らの存在に対しては正しい労働政策を行っていくことをためらってきた。そうしたなかで研修生たちは次々と不法滞在者となり、不法滞在者たちの量的な増加もまた継続してきた。彼ら未登録移住労働者たちに対する政策は不在であり、ただ政策があったとすれば、必要なところに労働力として使用するようにし、問題となれば、取締りを強化しながら彼らの声を封殺することだけが繰り返されてきたのである。監視と取締り、そして強制送還へと続く未登録移住労働者たちに対する政策以外にあるとすれば、不法滞在に対する罰金を延長している程度である。1年に1～2回程度、罰金の免除期間を設け、自ら進んで出国することができるように促していること以外に、未登録移住労働者たちに対する対策は準備されていない。

4.移住労働者の人権推進のための運動

(1) 法制度整備のための運動

現代版の奴隷制度であるとの批判にもかかわらず、政府が研修制度に固執するなかで、国内の人権運動団体は「移住労働者保護法」の制定に関する運動を展開してきた。外国人労働者対策協議会（外労協—JCMK: Joint Committee for Migrant Workers in Korea）は1997年の明洞聖堂での籠城を契機に、これまで労働許可制を中心とする移住労働者保護のための法制度整備闘争を行ってきた。

この闘争は研修制度撤廃活動とも並行しているが、不法滞在者たちを量産してきた奴隷制度としての研修制度を撤廃することと同時に、全体的な移住労働者権利保護に関する法律の制定を要求する闘争である。市民社会団体と共同対策委員会を組織して連帯闘争を行っており、全国民主労働組合総連盟（民主労総）などが参加している。

外労協は1998年から人権法の制定運動に参加してきたが、2001年に人権法の制定により移住労働者の人権侵害を改善するように陳情している。

法制度の整備のためのもう1つの闘争は、性産業に流入している移住女性を保護するための法律の整備闘争である。性売買防止法が女性団体によって論議されているなかで、娯楽産業に流入している移住女性も法律により保護されるようにする運動が必要とされているのである。一方で、長期滞在している移

住労働者のうち韓国人女性と結婚し、家庭をもっている移住労働者に居住ビザを発給せよというキャンペーンを、移住・女性人権連帯（Human Rights Solidarity for Women & Migration）などが繰り広げている。出入国管理法施行令の改定を求める運動は、徐々に増加している結婚に伴うビザの発給問題が深刻な水準に達しつつあるということを示している。

（2）国連移住労働者権利条約の批准運動

国連が採択している「すべての移住労働者およびその家族の権利保護に関する条約」の批准運動は、1998年から外労協を中心として繰り広げられてきた。12月18日の移住労働者の日を記念して、同時多発的に全国の移住労働者関連団体がキャンペーンを行っており、2001年12月16日には、明洞聖堂前で平等労働組合移住労働者支部の組合員たちと学生たちが記者会見と集会の後、街頭行進、東国大学校に到着後の文化行事などを行い、この条約の批准を求める一日行事を行った。また、国際結婚をした家族、とくに韓国人と結婚したネパール人労働者たちが明洞聖堂前で2001年12月9日に集会とキャンペーンを行うなど、条約批准運動は現在、最も活発な運動のひとつとなっている。

（3）医療共済組合

すべての移住労働者とその家族は、居住国の国民と同じ待遇を受けることができるようにしなければならないことを国連条約は謳っている。しかし国内の未登録移住労働者は、痛みを感じるときも医療的な恩恵を受けることができない。こうした状況に対して、国内の支援団体などが医療共済組合をつくって支援している。この組合は、労働者が加入すると、毎月一定額の会費を納付し、手術や治療を受ける場合には治療費の一部を支援として受けることができる形態で運営されており、6,000名ほどの未登録移住労働者の会員がいる。

（4）相談と教育活動

国内移住労働者人権団体の移住労働者の人権のための支援活動において最も大きな比重を占めているのが、相談活動である。相談を通じてこそ、移住労働者たちの問題を解決し、彼らが一時的な苦痛から解き放たれるようにできるのである。相談の類型としては主に、賃金未払い、労働災害、医療と健康、妊娠と出産、出国、産業研修生の積立金問題、国籍取得、帰化、子どもの養育、仕事場の移動、セクシャル・ハラスメント、その他経済的な問題についての相談に分類することができる。相談が次から次へと続くために、問題の原因を解決する運動を行うには時間上の困難があり、新しい方法による活動が必要とされているが、これについてはすぐに解決できる方法はないのかもしれない。

教育は、言語とコンピュータ教育、労働組合に関する教育と労働安全、人権と指導者教育などを主に扱っており、最近では労働組合運動を通じて、写真、踊り、歌、映像など趣味を活かして移住

労働者が自らの問題に真正面から向き合う意識化教育が行われている。

(5) 労働組合運動

労働三権の保障を受けることができなければ、どのような人権保護のための運動をしたとしても、そのことは付随的なものでしかない。移住労働者の労働者としての権利が保障されていない状況ではあるが、少なくとも移住労働者の国籍や滞在資格、あるいは人種と性別に関係なく、労働組合を組織し、加入し、それに関する活動をする自由が、誰であっても全世界の労働者にあるということを多くの国際人権条約が謳っている。

この間韓国では、移住労働者の人権においては宗教団体が重要な役割を担ってきた。移住労働者自身の共同体組織はあるが、労働組合活動とつながることができなかったために、外労協は労働組合の組織化のための討論会を開催してきた。

2001年5月26日、地域労組であるソウル京仁地域平等労組に移住労働者支部が生まれ、国内では初めて移住労働者の労働組合が結成された。韓国人活動家とともに活動している移住労働者支部は、フィリピン、バングラデシュ、ネパールなど東南・南アジア出身の組合員が主軸となって活動を行っている。民主労総傘下の地域労組である平等労組の支部として合法性を持っており、政府もないがしろにはできないなかで移住労働者の組織化が実現しているのである。移住労働者支部は移住労働者の労働三権の完全な保障のために闘争しており、同時に不法滞在者に対する取締りに強く抗議するなど、政府の反労働者的な政策に対して力強い声を上げている。

(6) キャンペーン

(a) "Voice Out Our Visibility"（「存在宣言!! 国籍は違っても労働者はひとつだ!!」）

これは、平等労組の移住労働者支部が2001年の「国際移住労働者の日」キャンペーンで選定した文言である。移住労働者が厳然と韓国社会に存在していることを宣言したキャンペーンである。別のあるキャンペーンでは、2001年6、7月に、法務部出入国管理局の未登録移住労働者に対する魔女狩りのような取締りに抗議するために金大中大統領に送るハガキを発行した。このハガキを使って移住労働者が大統領に対する要望を直接書いて伝達しようとしたのである。移住労働者が人間狩りの生け贄にならざるをえないことを強力に糾弾するハガキ抗議であった。移住労働者たちの「われわれも人間だ!」との叫びがこもったこのハガキを青瓦台に伝達しようとしたが、警察の阻止にあったために霧散した。

(b) 肌の色は1つではありません

初等学校の子どもたちが主に使っているクレパスにはいろいろな色がある。このなかで肌色（skin color）として表示される色は、白の混ざったピンク色である。白人たちの肌の色を肌色と表示しているのである。だからこのクレパスの表現どおりであれば、黒人の黒い肌や褐色の肌は肌色ではないという認識を初等学生たちに植えつけてしまう心配がある。これ

に対して、「城南外国人労働者の家」は肌色廃止のためのキャンペーンを繰り広げた。これが子どもと雇用者たちに人種に対する偏見と差別を助長させるものであり、人権侵害の問題であると見たのである。城南外国人労働者の家は、国家人権委員会に人種差別あるいは移住労働者に対する人権侵害としてクレパス会社を相手取り、陳情書を提出している。クレパス会社からは、肌色表示を変更するという返答をもらっている。これを契機に公益広告協議会でも黒色、白色、ピンク色など「すべてが肌色です。外国人労働者の人権も重要です」という社会広告を出している。

（7）国境のない街づくり運動

京畿道安山市元谷洞地域は、中国同胞などの移住労働者が地元の韓国人とほとんど同じ比率で生活している。日雇い工員として仕事をしている移住労働者が密集しているこの地域は、中小企業がひしめいているシファ、パンウォル工業団地に近い地域であり、ほとんど外国人街のような印象を与えている。こうした状況のなかで「安山外国人労働者センター」では、「国境のない街」を主張している。中国、パキスタン、バングラデシュ、スリランカ、モンゴル、フィリピン、タイなどから来た移住労働者のための飲食店や商店などが建ち並び、週末や平日の夕方になれば移住労働者で賑わうこの界隈を「国境のない街」として指定し、国籍と人種に関係なく、地元の韓国人とともに平和に生活できる、人種差別のない街づくりをしていこうというものである。

移住労働者が自発的に地域の清掃をしたり、地域住民たちと親しくなるための活動を通じて、韓国人たちの移住労働者に対する否定的なイメージを変えていくための努力をしているのである。

（8）国際結婚をした移住労働者の家族支援の活動

未登録移住労働者が長期滞在することで韓国人との結婚が日常化している。血統中心の単一民族であることを掲げている韓国社会で移住労働者として、とくに不法滞在者として韓国人と結婚するということは、それ自体が人種差別を受けることでもある。男性であれ女性であれ関係なく、肌の色と言語、そして容貌が違う外国人が帰化をして韓国国籍を取得したとしても、一般市民から「私たち韓国人」ではないという扱われ方をされるのである。「私たち」のなかに入り込めない移住労働者の生活で困難なことは、制度的な差別である。韓国人女性と結婚した外国人男性、とくに第三世界から来た移住労働者は、未登録移住労働者と変わらない差別のなかでの生活を余儀なくされている。「安養移住労働者の家」には、ネパール男性と結婚した韓国人女性の家庭のネットワークである「ネッコ（Ne-Co）の集い」があり、「安山外国人労働者センター」ではコシアン（Korea-Asian）家族たちが、「釜山外国人労働者人権のための集い」でも国際結婚家族の集いがつくられている。これらの集いを通じて、居住ビザのための運動、強制出国の禁止と家族解体を防ぐための支援活動を繰り広げている。

(9) 難民支援活動

イラン、アフガニスタン、カシミールやアフリカのコンゴ、ザイール、アルジェリアなどから来た移住労働者のなかには難民申請をするケースもある。しかし、韓国の法務部は「不法滞在」していた移住労働者たちが難民として認定された場合、移住労働者の大部分がこの方法を通じて韓国に定住するのではないかという憂慮から、難民として認定することをためらっている。未登録移住労働者が難民申請をしたという理由だけで保護所に収容し、監護処分に処すこともある。これに対して「民主社会のための弁護士会」（民弁）と「安養移住労働者の家」などは、未登録移住労働者で難民申請後に保護所に拘禁された外国人が再び社会に出てくることができるように、努力しているところである。

(10) 女性移住労働者のための支援

女性移住労働者は、単純に移住と労働の問題のみで語ることはできない。この問題に対して「移住・女性人権連帯」は、女性移住労働者の人権のための支援活動として、女性移住労働者の実態を社会に広く知らせることと、彼女たちの労働条件に対する調査作業、そして避難してきた女性たちに安心できる居場所を提供することや人権侵害を申告することができる申告センターを運営している。

5. 結論

南アフリカ共和国のダーバンでの反人種主義・差別撤廃世界会議に参加するために、韓国ではNGO Networkが組織された。NGO Network for WCAR in South Koreaは、移住・女性人権連帯、平等労組移住労働者支部、民弁、人権運動サランパンなどが集まって作った団体であり、ダーバン会議を通じて韓国社会に人種差別を告発する機会を作った。そして今後も人種差別と関連する活動を継続していくだろう。

ダーバン会議に参加するために何度も準備を行い、ダーバンに向かう前には記者会見も行った。記者会見を通じて移住労働者の問題を人種差別との関連のなかで説明し、私たちはこれを契機に記者たちがこの課題に対して理解を深めたと考えている。しかし、人種差別と関連した理解は基礎的なものにとどまっており、記事も短いものとして処理された。韓国社会ではまだ人種差別という言葉自体が一般化されていない。さらに人種という言葉自体に対する理解の幅も狭い。こうした状況で、東南・南アジアやアフリカ、そして南米などの地域から来た移住労働者が制度的な保護のメカニズムもなく生きていかなければならないことは、それ自体が人権の保障がまったくなされていないことを物語っている。

2001年11月26日は、韓国で国家人権委員会が構成され、その最初の活動を開始した日である。この日、移住労働者に対する差別の問題も陳情された。国家人権委員会が人種差別をなくしていくための活動をどれほどすることができるのかは、移住労働者人権支援団体の活動にかかっている。それはつまり、日常生

活のなかで起こっている人種差別の要素を看過せず、陳情を行い、社会的、制度的に多様な人たちが共存することができる現実的な条件をつくりあげていくことが重要であるためである。

とくに子どもたちが人種、肌の色、国籍、宗教、出身地域、性別などにより差別を受けて育っている社会に対する責任は、大人たちにある。誰であっても尊厳ある存在として受け止められ、ともに生きていくことのできる社会を創るということは、結局はこの国際化時代のなかで「私たち」すべてのために必要なことなのである。

それに向かう道の始まりは、「私たち（We）」という言葉（ここで言う「私たち」の意味は、Weではなくcage〔檻〕の意味である）に、「私たち自ら（ourselves）」を閉じ込めてしまわず、世の中に向かって、閉ざされた門を開いていくことなのである。多様性の価値が重要な社会的価値として認識されるとき、そのための歩みが可能になるだろう。そのことの出発は、この地で生活している移住労働者、とくに東南・南アジアとアフリカ、そして南米など私たちとは文化圏と人種が異なるところから来た労働者たちを心から迎えることによってこそ可能となるのである。

6. 追記

2002年3月12日、韓国政府は2002年ワールドカップとアジア大会を前にして「不法滞在者総合防止政策」を発表した。それは26万人の未登録移住労働者（「不法滞在者」）に登録させた後に、2003年3月末までにすべて追放しようというのが主要な内容である。一方、労働部は雇用許可制の実施に向けて準備すると発表した。

この政策に対して、民主労総に所属している労組平等労組移住労働者支部と移住・女性人権連帯は、2002年4月7日、約1,000名の移住労働者が集まるなかで集会を開いた。ソウルのトンデムンにある訓練員公園で集会を開き、そこから明洞聖堂前まで約1時間かけて街をデモ行進した。この取組みは、韓国の移住労働者との連帯運動の歴史にあって、初めて繰り広げられた大規模な移住労働者の集会であった。私たちは4月21日にもソウル市内のチョンノで集会を持とうと準備したが、法務部を中心とした政府の強い規制によって実現しなかった。その代わり、移住労働者たちは民主労総で記者会見を行う一方で、韓国人学生と労働者がチョンノで集会を開いた。4月28日、平等労組移住労働者支部は、

①集会の自由を保障せよ
②移動の自由のない雇用許可制反対
③未登録移住労働者の合法化および労働許可制実施
④登録拒否および強制追放反対
⑤労働三権および移住労働者たちの権利保障

を求めてテントを張り、籠城を開始した。

移住・女性人権連帯は、この籠城を支持し、闘争が成功するよう支援している。メーデーの行事には、外労協自体は参加しなかったものの、平等労組移住支部と移住・女性人権連帯は、移住労働者たちと共に取組みを行い、移住労

働者の現実をアピールした。

《参考文献》
・移住・女性人権連帯『韓国内移住女性および国際結婚家庭の問題と対策』(2001年)
・外国人労働者対策協議会『外国人移住労働者人権白書』(2001年)
・安山外国人労働者センター会報『国境のない街』
・安養移住労働者の家『2001年度活動報告書』
・平等労組移住労働者支部印刷物
・東北アジア新聞
・市民の新聞

《移住労働者の人権のための連帯機構》
・移住・女性人権連帯(Human Rights Solidarity for Women & Migration)
　京畿道安養市安養4洞676-136
　電話：031-443-2876
　釜山市鎮区田浦4洞193-9
　電話：051-803-9630
・外国人労働者対策協議会(Joint Committee for Migrant Workers in Korea)
　ソウル市鍾路区孝悌洞298-4
　サムビルディング4階
　電話：02-747-6831
・外国人労働者医療共済会
　ソウル市中区乙支路2街164-11　4階
　電話：02-779-0326
・平等労組移住労働者支部(Equality Trade Union Migrant's Branch)
　京畿道南楊州市和道邑磨石隈里221-1
　電話：031-594-4767

(訳／郭辰雄／在日韓国民主人権協議会事務局長)

● 各国における現状と課題

dukkha-thae (ဒုက္ခသည်): *the one who bears the suffering-Refugees from Burma & Racism in Thailand*

ドゥッカデー（苦難を背負った人）
ビルマからの難民とタイにおける人種主義

クイニー・イースト●*Queenie East*

「地球のどこにいようとも、人種主義、人種差別、外国人排斥および関連する不寛容が存在することは否定のしようがない」（国連反人種主義・差別撤廃世界会議（WCAR）におけるタイ政府代表の言葉）

人種の構成概念と、そこから発生する人種主義の実行、および外国人排斥と差別を含む関連現象は、権力関係と強く結びついているためにその考え方を覆すことは容易ではなく、大きな論争を招く問題となることが多い。本稿は、タイにおいてビルマからの難民[1]が実際に経験することと、人種主義論争の矛盾を明らかにする試みの一環である。

ドー・アウン・サン・スー・チーは、ドゥッカデーというビルマ語の意味を「苦難を背負った人」と述べた（1993年）。翻訳すると「難民」という意味になる。

ビルマ民族ではない人々[2]の民族紛争の歴史は、とくに「分割して統治」するという実行を通して、人種の違いや人種間の緊張を操り悪化させたイギリスの植民地支配によって激化した。1962年以降の軍事政権下において、多様な民族（SPDC[3]によると135の民族がいるとされる）に対する人種主義が激しくなり、とくに民間人を対象とするようになり、ビルマの人々に暴力的な被害をもたらした。それはとくにビルマ民族ではない人々に向けられた差別的、人種主義的で極端な暴力であった。

強制労働、強制移住、宗教的迫害、強奪、性暴力、恣意的逮捕および拘禁や地雷探知に使われる（Pinheiro (2001)、ILO（2001年11月）参照）などの民間人に対する重大な人権侵害が多数報告されている。この人種主義的抑圧と制度的暴力の結果、ビルマの何十万という人々が深く根づいた恐怖を抱いたまま危うい存在のなかで生きている。

---
1) 本稿では、「ビルマ難民」が「ビルマ」として知られる国の国境内にいる多様な人の民族を十分に表していないために「ビルマからの難民」という言葉を使う。ミャンマーではなくビルマという名前を使うのは、軍による統治と政治の道具として国名を改名したことに抗議するためである。
2)「ビルマ民族ではない人々」とは、ビルマの国境内の「支配」民族であるとされるバマール人を除くすべての民族を含む。
3) State Peace and Development Council（国家平和発展評議会）の略。ビルマを人々の民主的意思ではなく、軍事力によって統治する全体主義的軍事政権の名称。以前はSLORC（State Law and Order Restoration Council、国家法秩序回復評議会）の名称で知られていた。

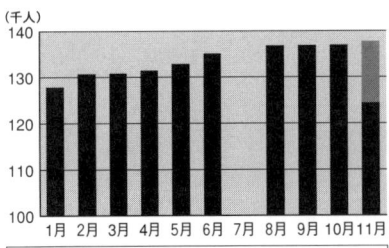

図●Burma Border Consortium（BBC）の支援を受けた人数

■ BBC食糧支給件数：UNHCR/MOI登録およびスクリーニング待ち
■ モン移住地区における部分的支援（ハロッカニ、ビーリー、タボイ）

注●人数は1999年3月、4月にUNHCRおよびタイ内務省に登録された人、およびその後に登録された人で、受理・不受理両方を含む。まだスクリーニングされていない人も食糧を提供される場合もある。11月までモン移住地区は完全な支援を受けていた。10月の数字はメーホンソン県の北カレンおよびカレン人キャンプに関する最新の統計を含んでいない（Committee for Coordination of Services to Displaced Persons in Thailand（CCSDPT）〔タイにおける避難民に対するサービス調整委員会〕Open Session）。7月の統計はない。

何十万というそのような人たちが他の地に保護と避難を求めることを強いられ、多くはビルマ内の他の地域へ（そのために大規模な国内避難民現象が見られる）、また他の人たちはタイなどの近隣諸国に逃れている。

タイは、ビルマからの難民の最大の受入国となっており、毎月300から1,200人の人が避難所を求めて国境を越えている。キャンプに吸収されるのはそのうちのごく一部であり、そのためにタイにビルマからの難民が何人いるのか断定することは不可能である。また移動は密かに行われるので、キャンプにいる正確な人数を確定することも不可能であるが、援助活動家の報告によると保護を求める人の数は明らかに減少ではなく、むしろ増加を示している（図）。米国難民委員会は、タイにおいて難民状態にあるビルマからの人々は2000年末で216,000人と推定している。

ドゥッカデーに話を戻すと、難民の苦難はタイ・ビルマ国境にたどり着いた時点で終わらない。ビルマからのあらゆる民族を含む難民は人種差別の被害者であり、外国人排斥によりさらに被害を受けている。これらの社会的に構成された偏見は、直接的および間接的に、難民の日常の生活と難民としての地位自体にも影響を与えている。制限的な入管政策および人種主義や外国人排斥の相互関連は強まっている。つまり、人種主義的で外国人排除的な人々の行為は、制限的な入管政策をもたらし、それは再び人種主義と外国人排斥自体を強化し、それらを再び定義し直している。

2. ドゥッカデー：定義および政策

ビルマからの難民に関するタイ政策の枠組みは、つねに紛争収拾後直ちに送還するということに中心を置いてきた。タイがしばしば難民「危機」と呼ぶ事態にとってきた解決策は、送還と第三国への移住であった。第三国が入管政策を制限していくなかで実際に将来唯一残された解決策は送還しかない。

露骨に言ってしまうと、タイは送還することによって二重の利益を得ることができる。それはまず、自国にかかる義務および費用を削減し、国内政治への支持を向上させること、次にSPDCとの政治的関係を、とくに経済的機会に関してさらに強化することである。タイは、ビルマ政府から見れば「暴徒」や「敵」と呼ばれる人たちを受け入れ続けており、反ビルマ政権の政治活動拠点がタイにある間、二国

間関係はギクシャクしている。そのために難民は外交と票獲得という政治ゲームの駒になってしまっている。人々のニーズは人種と民族的アイデンティティに基づいて優先順位がつけられ、ビルマからの難民の普遍的権利はタイの経済的および政治的意思の下に位置づけられてしまい、重大な結果を招いている。

タイは1951年国連難民条約の加盟国でもなく、明確な政策に則った難民に関するメカニズムも設置していないが、慣習国際法に基づいて難民とその保護に関する義務を負っている。タイは柔軟に対応していないわけではなく、1998年に国連難民高等弁務官事務所（UNHCR）の常設を認めていることも述べておかなければならない。残念ながら、タイ政府とUNHCRの関係は困難を増し、タイ政府が最終決定権を持ち、UNHCRの役割は送還に正当性を付与するという以外ますます歓迎されなくなっている。

タイ政府は難民について非常に限定的で柔軟性を欠く定義を用いている。難民は個人的に政治的紛争に関わっているか[4]、武力紛争の直接の結果として避難を強いられていなければならない（1997年以降、「避難民」という用語は「戦闘から逃れる避難民」という用語に置き換えられた。本稿で「難民」と読んでいる人々は、タイ政府によってこの地位を与えられたことはない）。このような定義は社会・政治的暴力を行使する全体主義的、抑圧的および人種主義的政府の間接的な影響から逃れることを強いられた大多数の避難民を排除することになる（ヒューマン・ライツ・ウォッチHRW（1998: 28-34））。そのため2001年9月、18のNGOや市民団体がタクシン首相に対し、迫害を逃れる人を受け入れるより柔軟な難民政策を求めて公開書簡を出した[5]。

Lang（1999）は、適切な難民政策には、何が人々の越境移動を引き起こすのかについて真の理解が受入国になければならないと論じている。タイの政治家や政策決定者は[6]、SPDCの抑圧的性格、武力紛争の継続と悪化および重大な人権侵害に関する報告を認識していないわけではないが、その認識が難民政策を決定する際に配慮されておらず、優先度も低い。Langは、タイにおける避難所という観点から見ると、避難民化の広い文脈と複雑性をあまり考慮していないように見られると述べている。

「ビルマ」からの「他者」の権利は高い優先度を与えられず、「難民」の限定的な定義と並んで「人道的抑止」[7]の実行が難民を入れないために意図的に用いられている。1975年6月のタイ内閣決定

---

4) 政治的庇護申請の手続も時間のかかる困難なプロセスで、申請者はバンコクにおいて申請しなければならず（必要書類のない滞在は違法になる）、1995年以降UNHCRでの面接において法的代理人が認められていない。また、自分の地位に関する申請はさらに証拠を提出しなければならない。
5) 公開書簡の署名団体はYuwathipat党、チェンマイ大学、Project for Ecological Recovery Foundation、Community Theatre、Foundation for Women、Campaign for Popular Democracy、Empower Foundation、Centre for the Co-ordination of Non-Governmental Tribal Organisations、Institute for the Development of Education for Sustainable Agriculture、Centre for Ethnic Nationalities Development、Community Forest Support GroupおよびThai Volunteer Serviceなどである（2001年9月8日付バンコク・ポスト紙、"Refugees want proof of peace"）。
6) 難民に関する政策と行動に関与する機関はNational Security Council（NSC、国家安全保障評議会）、内務省、国境警備警察、外務省および国軍である。国家安全保障評議会が政策に関して最も権限が強く、軍が現場において最も重要のようである。
7) 「人道的抑止」は人気上昇中の政策で、難民に対する定義や給付・権利を制限することにより庇護を求める人を思いとどまらせようとするものである。タイにおいて最初にインドシナ難民に対して使われた。

35

によりすでに、タイおよびタイ社会における避難民の存在は望ましくなく、それに対する「予防および対抗措置」をとらなければならないという見解が述べられている(Jacobsen: Lang (1999:103))。2001年9月11日のテロ事件以来、とくに国家の安全保障のレトリックはますます人気を高めている。

シャン人の場合

2001年にタイにたどり着いた約120,000人のシャン人にとって、日々の生活はとくに不安定なものである(2001年2月6日付バンコク・ポスト紙、"Army worried over influx of Shan")。シャン人は人種に基づいてとくに差別され、タイにおいて難民の地位も保護も与えられておらず、したがって、シャン州軍とビルマ軍の間の武力紛争および人権侵害にもかかわらず、「不法」移民と呼ばれている[8]。

シャン人は「人道的抑止」措置をとられるだけでなく、法的保護の欠如をついた暴力的外国人排斥にさらされている。2000年1月、タイ国境から2キロ入ったシャン難民キャンプがタイ軍によって焼かれ、300人の難民がビルマに戻ることを強いられた。1996年から1998年の間、ビルマを逃れ難民の地位とキャンプ設置を求めていたシャン人約300,000人の申請が、2001年10月に却下された。このような難民政策の人種主義的基盤によって難民と身分証のない移民の区別が恣意的に、誤って行われている[9]。

タイの人種および民族的アイデンティティに基づいた制限的入管政策は、難民が国境にたどり着いて直面する最初の主要な障壁である。紛争から直接逃れてきた人たちでさえ、悲惨な結果を招く可能性があるにもかかわらず国境で追い返されることもある。2000年1月、カレン民族同盟(KNU)とビルマ軍の戦闘から逃れる人々が紛争地に送り返されたり、ジャングルに隠れた人々もあり、何百人も行方不明になっている(NCUB (2001: 566-7))。タイは、ノン・ルフールマン(迫害や危険の合理的な可能性がある場合難民を送還しない)の義務の重大な違反をしているというのが現実である。入国の不合理に制限的な基準および入国拒否はルフールマンと見なされ、人の庇護を求める普遍的人権を否定する。

「すべての人は、迫害を免れるため、他国に避難することを求め、かつ、避難する権利を有する」(世界人権宣言第14条第1項)

3. タイにおけるドゥッカデー

個人的に、または集団的に[10]難民とし

---

[8] 何千人ものシャン人は、タイの身分証を所持している。1985年より前に入国した人は避難民カード(ピンク)、それ以降の人は山岳民族カード(青)、不法入国カード(オレンジ)、山岳民族調査カード(緑)などである。しかし何十万人もの人は身分証をまったく所持しておらず、そのために非常に弱い立場にある。

[9] 身分証のない移住労働者とその家族は非常に弱い立場にあり、搾取的な労働条件、社会サービスへのアクセスの制限、暴力や逮捕の危険などにさらされている。女性労働者はとくに性暴力や差別を受けやすい。労働者は法的権利を有していないので、苦情や法的救済はほとんど受けられない。新しい登録制度はタイ政府が失業者を捜し、送還しやすくするのではないかという懸念がある。2001年には何千人もの「不法入国者」が逮捕され、送還された。「不法入国者」の送還に関する最近の二国間合意は、100,000人のシャン人に影響を及ぼす可能性がある(2002年1月14日付ザ・ネーション紙"Stateless and Forgotten", Focus)。

て受け入れられた人に対してタイ政府は、タイ市民と同じ権利を与える義務があり、差別をしてはならない（子どもの権利条約第2条第1項、自由権規約第2条第1項）11)。しかし、しばしばタイの新聞や、とくにバン・ラチャンやスリヨタイのような映画などのメディアによって、人種的偏見が拡大され、ビルマからの難民の権利は実際には制限されている。人種主義および他の重複する抑圧の形態は、排除、暴力、不信、不平等、自尊心や尊厳の喪失などの効果によって相互に定義され、拡大される。

「私たち（ビルマからの少数民族難民女性）は、最良の事態でも軽蔑と嫌悪をもった待遇を受け、最悪では残酷と憎悪をもった待遇を受ける。私たちは受入国にとって招かれざる客であるが、私たちには他に行くところがない」（ナウ・ムシ、ビルマ女性連盟（WLB）2001年8月のWCARにて）

ビルマからの難民は個人として言及されることはなく、集団として、「ビルマ」人種によってのみ定義される。単一の「ビルマ」人種というものがないことから、人種が社会的に構成された概念であり、議論の対象となっていることを明確に示していることがわかる。ビルマの人々は多様で、さまざまな民族的アイデンティティを有しているが、そのなかに「ビルマ」という民族はない。難民の民族を区別することなく、支配的なタイ人種と異なるひとつの人種に還元してしまうことにより、ビルマからの人々は、見知らぬというよりも誤解された「他者」として恐れられることになる。政策決定者と一般の人にとって、この同質化されステレオタイプ化された「他者」からは距離を置きやすく、その人たちの経験を理解することなく、自らを頼ってくる人に対してつねに情け深い受入国であると容易に見なしやすい。

4. キャンプ

難民はキャンプにいることがタイに滞在する条件であり、移転によって避難所の暫定的性格と管理された政治状況が強調されている。キャンプによって、「ビルマ」と「タイ」人種の社会的に構成された違いが、地理的にも社会的にも目に見えるかたちで表される。世界中で立証されているように、人種的に区別された集団は平等な権利を持たない。ビルマからの難民が経験する不平等は、その人たちの日常生活に厳しい影響を与えている。

(1) 安全

難民キャンプは国境近く、ハロッカニの場合は国境上に設置されている。国境に近いということは、キャンプがしばしばビルマ軍の前哨拠点や地雷地帯に恐ろしいほど近い（ハロッカニでは4キロしか

---

10) 集団的とは、個人的な決定が不可能な大規模な人の移動の結果、集団に対して付与する難民の地位である（UNGA Executive Committee of the High Commissioners Programme, 45th Session, Note on international protection (submitted by the High Commissioner 'II. The Concept of International Protection' UN Doc. A/AC.96/830,〔1994年9月7日付〕para.27）。
11) タイはそれぞれ1992年3月7日と1996年10月29日の加入によって、これらの人権条約の義務を負った。

ない）ということを意味する。このため難民は、自分たちに祖国を逃れることを強いた紛争の文字どおり隣で生活することになる。武装したタッマドー[12]はしばしばタイ領内に入り発砲しているが、彼らは時には直接（SPDCが武装反乱軍の拠点があると主張している）[13]キャンプを狙い、個人、家族や共同体に内在する恐怖や不安を継続させている。1998年3月だけでも3つのカレン難民キャンプが攻撃され、焼かれて少なくとも5人が死亡し、その結果約300人の難民が住居を失った（HRW (1998:41)）[14]。攻撃および威嚇は、たとえば2001年3月のメーラマルアンにおいて安全が脅かされたことに見られるように、依然として続いている。

2001年1月のヌポーキャンプにおけるムスリム住民のレイプ事件は、ビルマからの人とその人たちの権利の優先度の低さ、とくに女性に対する危険と救済の欠如を明らかにした。公務員が犯人であるという疑いがあったが、捜査の進展は遅く、UNHCRの介入が必要となった（CCDPST、2001年4月）。そのような暴力を周辺的に取り扱ったり、軽視したりするということは、ビルマからの難民に対する明白な性差別主義と人種主義を明らかにした、人権の重大な否定である。

（2）生活条件

1997年以降、難民キャンプは「暫定的施設」と呼ばれ、人数や建造物に制限がつけられることが多くなった（Lang (1999:135-6)）。キャンプの暫定的性格はいくつかのキャンプにおける居住水準の低さを永続化させている。なかには相対的に状況が良好なキャンプもあるが、多くは過密で、十分な水、衛生および医療や教育施設が不足している。タイでは難民のニーズに応じるという意思が欠如しており、2000年10月タク県知事は、12歳以下の子どもは1人分の半分しか配給を受けないと宣言するに至っている。

タイはビルマからの難民のためにいかなる「損失」も負わないことを決意している。そのためにキャンプはアクセスに関して非常に不便な場所に設置されることがある。たとえばパヤオ・キャンプは、雨量の多さのために1年のうち7カ月は周辺地域から閉ざされ、洪水の危険が非常に高い。キャンプ以外には社会活動やサービスへのアクセスはまったくなく、病院もない。乾期には水不足、衛生状態や健康水準の悪化が起こり、状況は改善されない。

キャンプのなかには、合併により深刻な過密状態が悪化しているものもあり、そのうちラーチャブリ、メーラ、タムヒンの状況が最も慢性的である（NCGUB (2001:562)）。タムヒン・キャンプでは、2001年1月には8,763人収容されていた（この人口は、最近閉鎖されたマネーロイ学生センターからの難民を受け入れるなどしてさらに増加している）。キャンプの資

12）ビルマ国軍。
13）国連によると難民は武器を所持してはならない。タイは自国の安全保障のために、というよりもむしろビルマとの良好な関係維持のためにこの規則を厳格に適用している。
14）1995年から1998年の間のタイにおけるビルマ難民キャンプに対する攻撃の詳細については、Images Asia & Borderline Video (1998年5月) A Question of Security: A Retrospective on Cross-border Attacks on Thailand's Refugee and Civilian Communities along the Burmese Border since 1995、Images Asia, Thailand参照。

源に大きな負担がかかり、とくに女性や子どもにとって、栄養不足から来る健康の悪化や免疫システムの低下の危険増加などの影響を及ぼしうる。そのような影響は、一般的に難民の男の子よりも女の子に多く見られる(UNHCR 1998)[15]。

良質で適切な健康管理は、キャンプにおいて高い優先度を持たなければならない。とくにデング熱、腸チフス、マラリア、下痢の発生率が高く、最近HIV陽性の件数も拡大しているからである。とくに優先されなければならないのは女性の性的、生殖的および一般的健康であるが、この分野はしばしば無視されるか、申し訳程度に対応されるだけである。女性に性的ヘルス・ケアが提供される場合、家父長的、および文化的偏見に則って行われていることが報告や証拠によって示されている。

キャンプにおいて難民女性は、家族計画や性的健康資源へのアクセスを提供されていることになっている。しかし文化的偏見に基づいて無神経に提供されるため、難民からは疑いをもって見られ、そのために利用されずにいる。タイの役人は、自らやNGOおよび女性団体が促しても、ビルマからの難民は文化的および宗教的信念に反すると言って家族計画を利用しないと苦情を述べている(2000年11月1日付バンコク・ポスト紙"Overcrowded camps worsen with baby boom")。「ビルマ人」は家族計画の利益を理解せず、タイの1％に比べて4％という不必要に高い出生率および他の「不利」な影響をもたらしているというのだ。そして、「後進的な」という意味を暗黙に示唆する「異質な人々」は、深く根づいた厳格で抑圧的な信念を持つものだというレトリックがよく使われており、人種主義的、性的偏見の結果、そのことに対して反論されることはあまりない。

難民女性が性的ヘルス・ケアの真のアクセスを有するためには、提供の根底にある偏見を見直さなければならない。そのためには、女性の声を聞かなければならず、彼女たちが情報を得たうえで自分自身で決定することができなければならない。避妊の決定は押しつけたり強制したりしてはならず、女性の健康がつねに優先されなければならない。高出生率がキャンプに不合理な負担をかけるという考え方を放棄しなければならず、施設としてのキャンプを人種および性の平等を促すような偏見のない方法で再検討し、再設計しなければならない。これは、HIV/AIDSがビルマからの難民のコミュニティに対して突きつける問題の拡大に関連してとくに重要になっている。女性、とりわけ避難民および弱い立場にあるコミュニティの女性はとくにHIV/AIDSの感染の危険が高く、彼女たちのための安全なセックスの議論を始めなければならない。

キャンプの不十分な生活水準は、ここではわずかな例しか挙げられないが、個人や家族、とくに最も弱い立場にある女

---

[15] 以前、難民は、国境のビルマ側の反政府勢力が支配する土地で野菜を作ったり家畜を飼うなどして食糧を補給することができた。タイが移動規制を強化し、土地がビルマ軍支配下に落ちるなどして、現在は不可能となり、栄養不足の脅威は強まっている(NCGUB(2001:563))。

性や子どもにとって深刻な影響をもたらしている。収容された難民の権利は忘れられやすいし目に見えなければ考えることもない。また、国連難民高等弁務官の言うように、「われわれの民主主義から排除されてしまっている」からである(Lubbers (2001))。恐ろしい経験をしたということに加えて、基本的資源の不足、人種主義的偏見と軽視が重なり、難民に深刻な影響を及ぼすことがあり、とくに子どもの肉体的、精神的および社会性の発展に重大な影響を与えかねない。

ロビンソン人権高等弁務官は、2001年2月にキャンプの不十分な状況を非難している[16]が、高等弁務官が公に非難したことや、個人的にタクシン首相に懸念を表明したにもかかわらず、タイ政府は近く閉鎖したいと考えている仮設避難所を大きく改善をする意思はない。政府は、キャンプの水準を改善すると周辺のタイの村民の生活水準よりも高くなり、それぞれの共同体の間の緊張を高めることになるので、キャンプを改善することができないと反論している。人権高等弁務官が主張しているのは、普遍的な人権である基本的な生活水準を達成することが必要であるということである。タイ政府の反論は2つの共同体を人種の違いによって区別し、相互に分離・対立させている。

(3) 管理

ロール・キャンプでは、保護という名目で軍の兵舎が設置されており、「ビルマ」難民が完全にタイに依存しているという考え方を強化している。これには、難民が主に軍兵士によって恐ろしい経験をしたということと、その後の精神的外傷に対する配慮があまり見られない。さらに、難民キャンプにおける軍の駐屯の主要な理由は管理にあるようである。ある軍大佐は兵舎設置前に、「ロールーから抜け出す道はいくつもある。モン難民は国の中のどこにでも自由に行くことができ、そのために難民を管理することが困難になっている」と述べている(1993年10月12日付ザ・ネーション紙 "Mon Refugees in Fear after Receiving Marching Orders"; Lang (1999:117)より引用)。

難民に課された最も救いがたい規則は、より広いタイ社会からの隔離である。それはキャンプの地理的隔離とアクセスの悪さに加え、厳格な移動規制と外出禁止令が相まってもたらされている。ビルマからの難民は、働くこと、移動の自由や訪問を受けることが認められず[17]、ほかにも社会的行動に関して多数の規制を受けている。2001年6月、バンドンヤンの住民に対して何の説明もなく7時以降の夜間外出禁止令が発され、6月にはヌポー・キャンプの住民は9時以降の夜間外出禁止令の緩和を拒否された(CCDPST, Open Sessions (2001.2))。

5. 政治活動

タイで難民に課される最も重要な要件

---

[16] 2000年に緒方貞子難民高等弁務官が同じような批判をしている。
[17] 2001年3月メーラ・キャンプにおいて、キャンプ内の麻薬および麻薬取引に対する懸念ということで規制が強化された(CCSDPT Open Session〔2001年4月〕)。

は、ビルマからの難民があらゆる政治的活動を行わないということである。この要件は、タイ政府の利益およびタイ政府とSPDCとの政治的経済的関係の利益に適うものである。政治活動の制限がマネーロイ学生センターの存在理由であるが、タイの航空機のハイジャックがきっかけとなり(Lang (1999:183))、そこの人々には多数の制限が課された。制限は合計で72段落にわたるが、曖昧で実施が一貫していない(Altsean-Burma (1999))。しかし、政治活動が禁止され罰則が科されるという本質は明白であった。

「ビルマ学生はセンターでの活動に従事することができる。職業訓練、英語教室、図書館、治療を受けることができ、運動その他の活動をすることができるが、<u>政治活動は除く</u>」(Ratchaburi, para. 12)。

「ビルマ学生センターに関するタイ政府政策の変化を求めるデモまたは反対運動を扇動もしくは組織したビルマ学生はその地位の剥奪の罰を科される」。「そのようなデモの意図について知っている」参加者も同様である(Ratchaburi, para.30)。

タイ政府はときおりその言葉どおり実施し、1999年、ビルマ大使館の外において平和的デモを行っていた30人のビルマからの難民を逮捕し、少なくとも4カ月間裁判なしで拘禁していた(AI (1999))。その人たちの政治活動や政治的関係が難民の地位をもたらしたのであるから、そのような状況は異様なだけでなく、政治的権利の侵害でもある。

6. 送還方針

タイ国防省は、すべての難民を3年以内に送還することを決めている。送還の話が政治的に有利だからである。以前は不可能と思われていたが、2002年1月のタイ・プーケットでの二国間協力共同委員会第6回会合において、ビルマは移住労働者の送還を受け入れることについて合意し、その可能性が高まってきた。今までにも増して逮捕、拘禁そして送還の恐怖が日常生活に浸透してきている。制限的入管政策に関して述べたように、安全保障の考えが反難民レトリックを正当化する道具として人気が高まり、難民による環境(森林破壊)への危険がもう1つの宣伝のかたちになっている。しかし、最も優先する原因は、経済利益と政治人気の拡大に向けたビルマ政権との関係改善である。

(1) 国家の安全保障

タイ当局は、いくつかの出来事を利用してビルマからの難民が国家の安全保障に関する懸念事項であるという基本方針を根拠づけようとしている。ビルマからの犯罪者が人種主義的環境のなかで強調され、犯罪者と難民との区別を困難にし、二者の同一視を促している。そのために2000年1月、バンコク刑務所から9人の「ビルマ」人受刑者が脱走した事件の際に送還を求める声が並行して増加した(NCGUB(2001:566))。

ビルマ大使館(1999年10月)およびラーチャブリ病院(2000年1月)への襲撃

も絶好の機会として捉えられた。国境沿いの警備措置が強化され、難民の移動はさらに制限された。一般には、立てこもり事件がタイにおいて難民に対する否定的雰囲気を拡大させることに貢献した（NCGUB(2001:561-2)）。

(2) 森林破壊

「安全保障」路線は新しいものではないが、難民を森林破壊の原因として非難する考え方も新しくはない。ロールーの閉鎖と1994年のモン難民の送還は、一部この考え方に基づいて行われ、多くの誤りを抱えるにもかかわらず未だに一般やメディアの議論に見られる[18]。森林には伐採や農業などの商業的活動、道路やダムなどの国家開発プロジェクトによる負担のほうがはるかに大きく、予定されている鉱業採掘権なども影響を及ぼす可能性がある（Friends without Borders (2001)）。しかし、経済利害は非常に政治的であり、難民に原因を押しつけることは本当の責任者から注意をそらし、送還への勢いを促すことになる。

タイ政府が難民の文脈において本当に森林破壊の問題に対応し、環境保護を支援しようと思うならば、その責任は難民ではなく、難民政策とキャンプに置かなければならない。市民的自由連盟（Union for Civil Liberties）が指摘したように、タイ最大の森林保護地区における土壌、水および生物資源の悪影響を引き起こしているのは西部国境におけるタイ政府の不安定な政策と難民である（2001年12月14日付バンコク・ポスト紙 "Refugee influx hurts fragile ecosystem"）。

(3) 政治と経済

ビルマ軍と武装反乱軍との間に多数の「停戦」があったにもかかわらず[19]、ビルマ民族ではない人々はビルマから逃れ続けている。カレン民族連合（KNU）、シャン州軍（SSA）や最近分離した新モン州党（NMSP）との間の戦闘は続いている。さらに、停戦合意があっても、その地域が「安全」であるということを意味しない。その地域は依然として軍事化され、民間人の住民にとって脅威を与えているにもかかわらず、1997年のモン人のように、難民は安全でない地域に送還されている。ヒューマン・ライツ・ウォッチによると、その送還はヤダナ天然ガスパイプラインに関連したタイの利益のために実施された。両国の合意の一部として、ビルマ当局は難民の送還を条件に挙げている（HRW(1998:37)）。同じような難民の移動がタイ政府の林業に関する利害のために起こっている。

難民の送還は、経済利益や政治権

---

18) 皮肉なことに、森林破壊によって経済的および社会的に最も影響されるのは難民の共同体である。住居、食糧および燃料へのアクセスが制限され、食糧の不足を補う農作は変化を強いられ、規制されない商業的農業の健康に対する影響は完全に明らかにされないであろう。

19) 停戦合意を結んだ民族集団は次のとおり。Myanmar National Democracy Alliance Army（1989年3月31日）、Myanmar National Solidarity Party（1989年9月5日）、National Alliance Army（1989年6月30日）、Local Administration Committee（1989年6月30日）、Shan State Army（1989年6月24日）、New Democratic Army（1989年12月15日）、Kachin Democratic Army（1991年1月11日）、Pa-O National Organisation（1991年2月18日）、Palaung State Liberation Party（1991年4月21日）、Kayan National Guards（1992年2月27日）、Kachin Independence Organisation（1993年10月1日）、Karenni Nationalities People's Liberation Front（1994年5月9日）、New Mon State Party（1995年6月29日）、Karenni National Progressive Party（1996年1月6日。しかし数カ月後に決裂）、Mong Tai Army（1996年1月）。

力のための外交道具であり続けるだろう。何千もの人が、困難な状況のなか、銃を持った兵士に命令されながらビルマに送還されていることから（Lang (1999: 114)）、タイ政府はノン・ルフールマン原則に違反しているとの批判を受けている（HRW(1998)）。

送還のケース
 2001年10月：タイ国軍は63人のカレン難民をテーワードーの「安全な地」に送還した。UNHCRとの協議は行われなかった。
 2001年11月：ビルマ国軍は居住地を襲撃し、家屋、病院と学校を略奪し火をつけた。村人の15人が逮捕され、そのうち数人は尋問され、軍のポーターとして強制的に働かされた。
 2001年12月：数人は依然として行方不明として報告されている。
 アムネスティ・インターナショナル（2001年12月7日）によると、「その人たちはミャンマー（ビルマ）にそもそも送還すべきではなかったし、ミャンマー（ビルマ）軍はそれら国内避難民を攻撃するのではなく、保護すべきであった」としている。

 UNHCRの役割は、難民に対し人権諸条約の規定に従って国際的保護を提供することを確保すること（Robinson (1998)）であるが、UNHCRとタイ政府との関係は微妙である。UNHCRにとって理想的な解決策は、「逃避の原因が確実に永続的に取り除かれた」環境への「安全と尊厳の下での任意の帰還」であり（UNHCR(1998) Lang (:124)より引用）、タイ政府との送還の意向と矛盾する。最終的にタイが決定権を有しており、そのことが2001年8月、UNHCRが難民と認められなかった人の送還を遅らそうとしたことに対する国家安全評議会事務局長の強い非難に表れている。

 タクシン政権の下でビルマとタイの外交関係が改善するなか、罰金、強制労働、そして一例ではムスリム系の人の殺害など帰還した人に対する人権侵害が報告されているにもかかわらず、送還への動きは勢いを増している（Muslim Information Centre (2001年1月13日、2000年12月19日)）。2001年8月、タイ政府は5,000人以上のカレン難民を、直接武力紛争から逃げたのではなく、他の形態の迫害から逃れてきたという理由で送還を計画していることが明らかになった。NGOや活動家、事態を憂慮する政治家が介入しなければ、このような送還の成功や、SPDCとタイ政府による身分証のない移住労働者の送還に関する合意20)は、いずれタイ政府の意図するキャンプにおける難民の送還を促進するだけのことになるだろう。

7. 介入

 NGOは、送還が次のような特定の条件が満たされたときに限って行われるよう要求する、重要な役割を担っている。
 ①ビルマ当局は地方、国家レベルで

---

20) 過去においてSPDCは、満たすのが困難な条件である十分な書類を主張してタイの送還計画を阻止してきた。

帰還民の安全を真に保障しなければならない。

②ビルマにおいて武力紛争の長期停戦が保障されなければならない。

③SPDCは民主主義回復と人権侵害や人種差別撤廃の意思に疑いがないことを示さなければならない。最近行われているドー・アウン・サン・スー・チーとの会談は十分ではなく、軍事対立や人権侵害の終焉を意味しない。

④ビルマ内の送還地域とされる全地域の安全とニーズを独立機関が評価し、保護・評価機関が常駐しなければならない。理想的にはUNHCRである。

⑤送還地域は高度に軍事化されていてはならない。

⑥SPDCが難民を反乱分子やビルマの敵と呼び続けるかぎり送還は実施されてはならない。

⑦タイ政府は送還決定について説明責任を負う。

⑧送還は、恐怖や強制力によって促されるのではなく、また適切な状況において任意に行われなければならない。難民共同体および個人の声はいかなる送還計画でも不可欠であり、その声を聞かなければならず、無視したり、黙らせてはならない。

⑨武力紛争や人権侵害の影響を逃れる人々が庇護を求めることを認めなければならない。

⑩タイ政府は、すべての人に戦闘や人権侵害から庇護を求める権利を認めなければならない。入管政策は人種主義的要件に基づいてはならず、したがってシャン人を排除してはならない。

これらの要件を満たすために、UNHCRはタイにおいて難民保護の役割をより強く主張しなければならず、必要な場合は送還に介入しなければならない。最近UNHCRとタイ政府は収容所や難民キャンプに住むビルマからの約100,000人を送還する合意を結び（2001年11月21日付バンコク・ポスト紙 "Burmese deportees get job training first"）、マネーロイ学生センターが閉鎖され、住民が移動および送還されるという懸念すべき出来事が起こっている（Altsean-Burma (2001) 参照）。

これに並行して、タイ政府とUNHCRは、UNHCRの地域代表が述べたように、難民の身体と、人種主義および差別からの自由を含む人権の保護を保障する努力を拡大しなければならない（Assadi (2001:46)）。難民に関する政策やプログラムはこれらの人々を一括した集団ではなく個人として処遇しなければならず、ビルマからの難民の声を聞き、生活の自主決定権を拡大しなければならない。とくに懸念されるのは、最も消されてしまいやすい女性と子どもの声である。

ビルマからの難民の生活に広がる人種主義を撲滅する、広範なプログラムを実施しなければならない。UNHCRの地域代表が言うように、持続的な教育プログラムは不可欠であり、同時に共同体や家族レベルでの反人種主義に関する取組みも重要である。公務員や政治家は人種主義的表現をしてはならず、促すこともしてはならない。いかなる種類の人種主義を奨励する政策も改正されなければならない（2001:47）。ビルマからの

難民とタイの共同体との関係も、相互理解が生まれるように促されなければならない。

　WCARにおいて難民高等弁務官は次のように述べている。「われわれは尊重を必要としている。1人1人に対する尊重である。1人1人の人間は大切であり、かけがえのない価値を有している。尊重は寛容を超えるものである。尊重とはそれぞれの個人の尊厳と価値を認めることに基づいている。尊重は多様性の価値を認識し、認めることを意味する」（Lubbers(2001)）。

《参考文献》
・Altsean-Burma (2001) *Statement: Maneeloy closure on 25-28 December 2001.*
・Altsean-Burma (1999) *Report on 18 October 1999 incident at the Maneeloy Holding Centre, based on interview.*
・Amnesty International (AI) (7 December 2001) "*Myanmar/Thailand: Nowhere to run*", ASA 16/024/2001 - News Service Nr. 217.
・Amnesty International (AI) (2001) *Crimes of hate, conspiracy of silence: Torture and ill-treatment based on sexual identity*, ACT 79/006/2001.
・Amnesty International (AI) (1999) *Annual Report*, p.328-330.
・Assadi, J. (2001) UNHCR地域代表, Speech at the Southeast Asian Peoples Conference, Racism: Racial Discrimination, Xenophobia, and Related Intolerance, 18 July 2001, Bangkok, Thailand, pp.46-47.
・Aung San Suu Kyi (1993) *Towards a True Refuge*, 8th Joyce Pearce Memorial Lecture delivered by Dr. M. Aris, University of Oxford, 19 May 1993, p.13.
・Bellamy, C (2001) UNICEF. 国連反人種主義・差別撤廃世界会議（WCAR）におけるステートメント、2001年9月1日、南アフリカ・ダーバン。
・Friends without Borders (2001) *Taking Shelter: Refugee Protection and Sustainable Forest Management.*
・Human Rights Documentation Unit (NCGUB) (2001) *Burma: Human Rights Yearbook 2000*, October 2001.
・Human Rights Watch (1998) *Unwanted and Unprotected: Burmese Refugees in Thailand*, Vol. 10, No. 6(C), October 1998.
・Lang, H.J. (1999) *Fear and Sanctuary: Burmese Refugees in Thailand*, Doctor of Philosophy thesis submitted to Department of International Relations, Research School of Pacific and Asian Studies, Australian National University, August 1999.
・Lubbers, R. (2001) WCARにおけるスピーチ、2001年9月1日、南アフリカ・ダーバン。
・Nicolson, F. & Twomey, P. ed. (1999) *Refugee Rights and Realities: Evolving International Concepts and Regimes*, Cambridge University Press, Cambridge.
・Robinson, M. (1998) "Welcoming the Downtrodden", in *UNHCR Refugees*, No. 111, Spring 1998, p.11
Special Rapporteur on the Situation of Human Rights in Myanmar (Scheduled 9 November 2001) *Human Rights Questions: Human Rights Situations and Reports of Special Rapporteurs and Representatives.*
・UNHCR (1998)"' A Woman's Lot...'" in *Refugees*, No.111, Spring 1998, p.18.

《タイ政府文書》
・Ratchaburi Provincial Rule (Ratchaburi) issued 15 May 1995, Concerning treatment of Burmese students in the Burmese Student Centre, B.E. 2538.

《新聞記事》
・The Nation, Focus（2002年1月14日付）"Stateless and Forgotten"
・Mizzima News Group（2001年8月29日付）"Burma women refugees face multiple discrimination"
・The Nation（2001年8月19日付）"NSC chief slams UN over illegals"

　　　　（訳：岡田仁子／ヒューライツ大阪研究員）

● 各国における現状と課題

Non-Racist Solutions to Malaysian Problems

人種主義のない
マレーシアをめざして

クァ・キァ・スーン ● *Kua Kia Soong*

ペタリン・ジャヤのカンプンメダンで最近勃発した人種差別的ニュアンスを帯びた暴動は、マレーシア人に、未解決のままとなっているマレーシア社会の人種主義と人種差別の重大な問題に一刻も早く立ち向かうよう促した。2001年8月に南アフリカのダーバンで開かれた「人種主義、人種差別、外国人排斥および関連のある不寛容に反対する世界会議」(WCAR)は、この課題と非常に関連しており、時宜に適ったものである。

人種主義と人種差別は、植民地時代よりマレーシアの政治的、経済的、社会的および文化的現実の一部となってきた。今日、人種はとても深く制度に組み込まれており、政府の開発政策、ビジネス契約の入札、教育政策、社会政策、文化政策、教育機関への入学、住宅購入の割引をはじめとした公的政策から得る利益を決定する重要な要素となっている。実際、マレーシア人の生活のあらゆる側面に、マレー人中心主義に基づくいわゆる"ブミプトラ政策"が浸透している。

人種分極化がさまざまなマレーシアの制度に行き渡っていることは周知の事実である。マラヤ大学による新しい調査は、マレー系学生の98％は非マレー系学生と交わらないし、中国系学生の99％およびインド系学生の97％はその他の人種の学生と交際しないことを示している。

政府はこの問題を、母語で教える民族学校の存在など、本質から外れた要因のせいにしようとしているが、分極化の原因は、人種主義と人種差別の制度化に根ざしていることは明らかである。

1. 人種主義の制度化

人種主義はマレーシアの社会政治システムの不可欠な要素である。与党連合は、人種で定められた構成政党である「統一マレー人国民組織」(UMNO)、「マラヤ華人協会」(MCA)そして「マラヤ・インド人会議」(MIC)により今もって支配されている。これら政党は、"人種的"利益を満たすことで、それぞれの"人種"選挙民からの1票を得ようと競い合っている。どの政党も一様に、その人種主義的傾向を党大会でさらけ出している。

一部の日和見的野党も、同様に選挙の支持をとりつけようと、人種主義的プロパガンダを使ってそれぞれの選挙民に迎合している。彼らも、この間ずっとマレーシアの政治を特徴づけてきた人種的政治の悪循環に貢献してきた。

与党UMNOは、「マレーの統一」さらには「マレーの支配」は国民の統一に不可欠であると主張し続けている。「マレーの支配」はいつも「マレーの特権」と互換的に使われており、この与党マレー人エリートはそれをマレーシア連邦憲法で正当化している。

その結果、マレーシア社会の各部門がマレーシア問題への非人種主義的解決を求めるたびに、「マレー人の特権への異議」申立をめぐって周期的に論争が起きてきた。マラヤ華人協会によるアピール(Suqiu)にまつわる最近の騒ぎは、その好例である。その他、マレーシアの近年の歴史において、与党が非マレー系コミュニティに対する人種主義的対応を認めた例はいくつもある。

1987年のISA(国内治安法)に基づく大量逮捕に関する政府白書には、UMNO青年部が1987年10月17日にジャラン・ラジャ・ムダ・スタジアムで行った集会の記述がある。そこでは、「5月13日が始まった。中国人の血で染めろ」などの人種主義的で扇動的な心情が派手に誇示された。当時、ステージで扇動していたUMNOのリーダーのなかには、現政府の閣僚に名を連ねている人もいる。

与党は、それを、1987年に起きた中国人学校への不適切な役人配置に対する華人組織による抗議への対応だとして、そのような人種主義を大目に見てきた。同じように、UMNO青年部は、セランゴール華人講堂におけるアピールに対して彼らが行った荒っぽい抗議を、アピールに「刺激された」という理由で正当化しようとした。実際は、UMNOの内部問題の矛先を外に向けようとしたことが主な理由であった。

もっと最近では、2001年2月4日、「マレー行動戦線」の集会がUMNOの新旧のリーダーによって組織された。集会では、血のような赤の地に短刀を表す刺激的な紋章を描いた垂れ幕が使われ、マレー人の権利と特権のさらなる拡張を求める言葉が書かれていた。

人種主義と人種差別は、ダムや農園やその他の工業プロジェクトのために、先住民族を先祖伝来の土地から根こそぎに痩せた再定住地域へと立ち退かせるような場合にも出てくる。多くの開発機関は、先住民族の慣習的な土地の権利を尊重していない。公務員の間では、先住民族の文化や生活方法は遅れていて、「近代化」しなくてはならないという基本的前提がある。これらプロジェクトにおいて、先住民族との適切な協議はほとんどもたれることはなく、彼/彼女たちの運命は「民族虐殺」に等しい。

外国人の家事労働者をはじめとする移住労働者は、マレーシアで人種主義と人種差別に直面しているもう1つの集団である。国内には200万人以上の外国人労働者がいて、そのうち16万人が家事労働者として雇用されている。マレーシア人が外国人労働者に対して抱く否定的で軽蔑的な見方は、これら労働者

の虐待を大目に見る結果となっている。外国人家事労働者は、女性として、しばしば言葉の虐待や身体的虐待、さらには性的虐待にさらされている。ジェンダーと人種、そしてその立場ゆえに彼女たちは差別を受けている。

2.連邦憲法の非差別の原則

与党UMNOは、ブミプトラ政策にとって有利となる一応の成功を収めたとされているアファーマティブ・アクションを誇りにしている。「ブミプトラ」は文字どおり「土地の子」を意味し、マレー人やその他の先住諸民族の正式な別称である。しかし、先住の民であるマレー半島のオラン・アスリは除外されている。これは、1971年に新経済政策が始まって以降、ずっと開発計画の基礎とされてきた。

その結果、このポピュリストのブミプトラ政策は「ブミプトラ」全体の利益に適用されてきたが、その一方で、新しいマレー人支配エリートは、この人種ベースの政策の利益を満喫できる戦略的立場に置かれている。資本主義と民営化を全面的に支持するこの政策は、非マレー人の国内および国外エリートも新経済政策から利益を得られるよう1971年より保障してきた。マレーシアの支配エリートの間のこの階級団結は、独立以来マレーシア社会を特徴づけてきた人種主義的政治を支えている。

今こそ、マレーシア人が連邦憲法の非差別の原則を再確認し、厳格に反人種主義である人権原則を支持すべきなのである。

マレーシア憲法第8条第1項は、すべてのマレーシア人の平等の原則を明確に謳っているし、第12条第1項は、宗教、人種、世系あるいは出生地を理由にした市民に対する差別を一切許していない。

マレー人の特別な地位に関する第153条は、マイノリティで基本的人権を認められていない被差別カーストを保護したインド憲法のアファーマティブ・アクション条項からヒントを得ている。だが私たちのものは、それら条項とは基本的に異なる。なぜなら、マレーシアでは、差別が作用することで得をしている民族グループは、偶然にも、政治的支配を握っているマレー人になるからだ。

1957年の独立時、次の4つの事項に関して、マレー人の特別な地位が認められ、保護された。①土地、②公務員採用、③特定の事業経営の許認可発行、④奨学金制度、給付金あるいはその他の教育目的をもった援助。たしかに連邦憲法は、徹底的に人種主義的コンセプトであるマレー支配(Ketuanan Melayu)をいかほども支持していない。

リード憲法草案委員会がこのような条項を1957年憲法に含めるべきかどうかを検討していたとき、次のような意見が出てきた。

「私たちの勧告は、マレー人の現在の立場は今後も相当な期間続くが、やがて現在の特権は減らされ、究極的には人種や社会集団間の差別が解消されるということをマレー人は納得すべきだという考えに基づいて作られています」

（1957年マラヤ憲法委員会連合報告、政府刊行物72頁パラグラフ165）。

1971年にトゥンク・アブドゥル・ラーマン首相が解任された後、新しいマレー人支配エリートは、マレー人に適切な機会、とりわけ教育における機会が保障されてこなかったし、さまざまな部門におけるマレー人の存在の割合は低すぎると考えた。1971年、非常事態のもと、第153条は正式に修正され、マレー人のために高等教育機関における割当制度が導入された。8A項は、特定的に、あらゆる総合大学、単科大学およびその他の教育機関におけるブミプトラの席の留保を規定した。

しかしながら、割当制度は、今日私たちが知っているような完全に不透明で、説明責任のない不公正な制度をめざしていたわけではなかった。

第1に、8A条は、国王が、マレー人に一定の割合のそうした席の留保を命じることができるだけであるということを明確にしている。したがって、これは、割当制度は学部ベースにしか適用されないし、さらに重要なことには、いかなる学部も機関も、すべての人種の学生のために席を留保すべきだという意味になるだろう。いかなる学部も機関も、この条項の下、その他の人種を排除してマレー人の要求だけを満たすことはできないはずだ。

<u>この人種主義的割当制度が実施されて数年後、国王からそのような命令がなされた形跡もなければ、そうした命令が出されたことを官報が報じたことを示す証拠もなかった。それゆえ、そのような指示は、教育省の役人が行ったように思える。</u>

このため、割当制度は機関ベースで適用されるのか、あるいは、国内にあるすべての大学の個別の課程の定員数ベースで適用されるのか、明確ではない。あらゆる大学の全定員数に割当制度を適用することはまた、憲法条項の誤った解釈になる。

第153(8A)条は、いかなる大学の管理者であれ、ある特定の人種の学生に入学を拒否することは認めていない。同条は、マレー人学生に一定の割合の席を留保することを認めているだけだ。こうした理由より、ブミプトラの学生の要求だけを満たしているマラヤ大学のAsasi Sainsや、マレーシア科学大学のKursus Sains Matriculasi Sidang Akademikのような制度の合憲性は疑わしい。

さらに、<u>マラヤ大学の規約は、同大学の学部や機関への入学において、人種に基づく差別を行うことを明白に禁じている。この文脈においても、その他の人種を排除して、特定の人種の学生だけに入学を認めている他の機関の合憲性は、第8条の平等規定に違反しているため、疑問である。</u>

上記より明らかなように、とりわけ、すべてブミプトラで占められる機関において1971年より実施されてきた割当制度の合憲性の問題は、決して精査されることがなかった。

私たちは、憲法にある「マレー人の特権」規定の本来の意図は何であったのか知っている。だがそれを、私たちが1971年以来目撃してきたようにあらゆる手段による人種差別の白紙委任である

と主張するのは、マレーシア憲法の精神を侵している。

国際法はアファーマティブ・アクションの措置に大きな制限を設けている。明白なことであるが、アファーマティブ・アクションの政策は注意深く管理されなくてはならないし、非差別の原則そのものを損ねたり人権を侵害するようなことになってはならない。平等の原則を最上位に置いて、処遇の区別の成立の趣意や合理性を証明しなければならない。

アファーマティブ・アクションを成功させ、国際法との同義性を保証するもう1つ重要な規準は、1957年にリード委員会がマラヤ連邦憲法委員会報告で提案したように、そのような特別措置を限定された期間だけ導入することだ。

アファーマティブ・アクション政策の今日現在までの結果は、マレーシアの先住諸民族を含むすべてのエスニック集団の貧困層にとって、彼／彼女たちのための富の再分配という本来の目的は達成されていないことだ。さらにひどいことには、最貧のコミュニティは今もってマレー半島のオラン・アスリ、すなわち連邦憲法の下"ブミプトラ"と見なされさえしていないマレーシアの先住民である。

3.マレーシアの分極化の根本原因

人種的分極化が学校、大学、市民サービスなど、数多くのマレーシアの制度に存在していることは広く知られているが、これは多元的社会の"当然"の結果ではないことを強調しなくてはならない。その一方、これまで権力者たちは国民の間に分断を作ろうと意図的に試みてきた。人種的分極化の根源は植民地時代の分断統治の戦略にあるということも広く認められている。このことは、W.R Roff(マレー民族主義の根源1974:24)やHua Wu Yin(マレーシアの階級とコミューン主義、ゼッド・プレス1983)などの研究に詳しく記録されている。

人種主義的方式は独立時の連合党において制度化され、国民戦線(Barisan Nasional)により現在まで維持されてきた。今も、つねに政治家にとって都合がよいときは、国民の間に人種的不和を作る試みが公共機関やマスメディアで行われている。この実例は詳しく記録されてきた(『マレーシアの分極化——その根本原因』〔Kua Kia Soong編、K. Das Ink KL発行、1987年〕、『メディアウォッチ——マレーシアのメディアの利用と乱用』〔Huaziリサーチセンター発行、1990年〕)。

人種差別の実践となっているすべての政府政策や公的制度のなかで、1969年布告の非常事態以降、既成事実として実施されてきた新経済政策(NEP)ほど普及したものはない。その具体的目的は「経済的機能による人種識別を招いた富の保有の経済的不均衡を是正するための社会再構築」にあったが、NEPは透明性と説明責任がほとんど不在のまま、人種差別的な方法でこの30年間実施されてきた。

NEPが実施されてちょうど10年後に行われた1980年の国勢調査は、政府行政官の80%以上はマレー人であり、マレー

人が公的資金による高等教育の場の75％を占めていて、国土開発公社の住宅居住者の96％はマレー人であることを示していた。1990年に入り、富の再構築政策の目的は、「その他のマレーシア人」としてリストに上がっている指定企業を詳しく調べれば十分達成しているという見方が人々の間で広まるようになった。これら指定企業の多くはブミプトラのエリートが作った企業であるということも広く知られている。

同じように、資本出資者を示す数字は、捻じ曲げられてはいるが、豊かな非マレー人エリートもNEPの下でかなりうまくやってきたことを表している。これはおそらく、国民戦線の連合をあれほど長く支えてきたエリートの団結によるものであろう。さらに証拠は、NEPの「富の再構築」が富のさらなる集中とエスニック間の不平等の拡大を主に招いてきたことを示している。

80年代中頃には、国内の上位40人の株主が公営企業の全株数の63％を所有するに至った。国営投資信託会社（ASN）の上位4.4％の投資家が、ASNの投資合計の70％以上に達する貯蓄を持っていた。

ASNは、人種に関係なく、マレーシアの納税者に保障されている機関であるのに、甚だしく非ブミプトラを差別している第一の手本である。この人種差別は、融資、最終資金調達、住宅購入、株式割当などへのアクセスにも及んでいる。

教育政策における人種差別は、異なるセクターや言語集団への不公平な資金配分や、非マレー人の母語学校の開発を認めたがらない政府の姿勢などに表れている。こうして、独立当時、国内にそれぞれ1,342校および888校あった華人およびタミール人の小学校の数は、過去44年で人口が倍増したにもかかわらず、今では1,284校および535校に減っている。政府は、これら学校の有資格教員の不足という重大な問題を長年無視し続けてきた。

1990年には、教育における人種差別的な割当制度の実態は次のようなものとなった：科学技術認定コースの教育ローンの平均90％、教育課程の奨学金の90％、国内の学位課程への奨学金／ローンの90％、そして外国での学位課程への奨学金／ローンのほぼすべては、ブミプトラに与えられていた。80年代を通して、寄宿学校に入学した学生を見れば、95％はブミプトラであった。80年代を通して、マラ中等科学学校とマラ工科学院の入学者のほぼ100％はブミプトラであった。

文化の世界における人種差別は、教育政策に見られるだけではなく、国家文化政策における非マレー文化や宗教に対する差別にも見られる。非モスレムの人々は、崇拝施設を建てる自由や埋葬地へのアクセスをはじめ、さまざまな場面で制約を受けている。

4. 国家の発展に向けた非人種主義的オルタナティブ

人種主義と人種差別はあまりにも長い間マレーシア社会を支配してきた。マレー

人支配エリートがマレーシア経済の支配をはっきりと握るようになった今こそ、階級、部門あるいはニーズなどの非人種主義的要因を基にした新しいコンセンサスによって、アファーマティブ・アクションを正当化するときである。

今こそ、平和と自由を渇望するすべてのマレーシア人が、人種主義と人種差別を禁止することによって、これらをマレーシア社会からきっぱりと締め出し、人権、平等そして大衆の利益を固持した真の統一を築くときである。

(1) 非人種主義的な政治制度への提言

1. それぞれの「人種」の利益追求のために「人種」を基本にして設立された政党は、そのような慣行が人種主義や人種差別に反対する国際条約と一致しないため、禁止すべきである。

2. マレーシア政府がまだ批准していない国際規約および国連条約のすべてを批准し、国内のすべての法律が国際人権規準に従うよう保障する。

3. マレーシアのすべての制度にある人種主義、人種的偏見および人種差別をなくすため、人種関係法を制定して機会均等委員会を設立する。

4. 選挙区の区割りは「1人1票」の原則に基づかなくてはならないし、選挙区の間の投票者数に大きな格差があってはならない。

5. 住宅、学校などの問題を非人種主義的な方法で解決できるよう、選挙による地方自治体を再び導入する。

6. 公務員や軍隊においていかなる人種差別もなく、すべてのエスニック・コミュニティが平等な昇進のチャンスを持つよう保障する。

7. マレーシアのすべてのエスニック・コミュニティに対して公正な独立した放送機関を設立する。

(2) 非人種主義的な経済開発への提言

8. 契約や株式が、同族登用、身びいきあるいは汚職による人種ベースで分与されないよう、完全なる透明性と説明責任を確立しなくてはならない。

9. アファーマティブ・アクションを装って、公的資金を失敗した民間企業の救出に使ってはならない。

10. 政府政策は、人種、宗教、ジェンダー、障害、政治支持に関係なく、富める者と貧しい者との所得格差を是正することを戦略的にめざすべきである。

11. 国内産業推進の屋台骨である小規模および中規模の産業は、人種の差別なく開発されるべきである。

12. 危機の時代はことさら、公正で適切な支援を養豚家を含めすべてのセクターに施すべきである。

13. すべてのエスニック・コミュニティの農家に土地を公平に分配すべきである。

14. 人種主義に基づく割当制度を収入調査によるスライド制メカニズムに置き換え、受けるに値する起業家が報われるようにすべきである。

(3) 非人種主義的な社会発展への提言

15. 国内に50年以上存在する450ほどの'新しい村'を近代化する。そこには多くの中小規模の産業があるが、基本的な産業基盤が不十分である。

16. 農園労働者の生活条件(たとえば最低月額賃金の保障)や住居、教育、保健設備などの基本アメニティを改善する。

17. すべての移住労働者とその家族の権利保護に関する国際条約を批准する。

18. 雇用機会均等委員会を設置し、職場におけるあらゆる形態の差別に取り組む。

19. オラン・アスリおよびその他先住諸民族が自分たちの土地資源を管理し、自分たち自身の生活方法を選べるよう、彼／彼女たちの共有する土地のすべてを官報で公示する。

20. 都市居住者の権利と、都市居住者に公正な補償と代替の住居を提供するという開発業者の義務を確認する法律を制定する。

21. 女性、子ども、高齢者および障害者の特殊なニーズを満たす。

22. 青年が前向きで健康的なライフスタイルを築くことができ、彼／彼女たちの間に寛容と文化的多様性と平等の意識を促進するよう、すべての人種の青年に向けたレクリエーション施設をさらに多く提供する。

23. 人種に関係なく、すべての困窮者のための低コスト公共住宅の建設を指示する住宅開発当局を設立する。

24. すべてのエスニックの貧困層の利益となる貧困撲滅計画を真剣に追求しなくてはならない。

(4) 非人種主義的な教育制度への提言

25. 特別援助は、基本的人権を奪われてきた部門や階級のニーズを基にするべきであり、人種を基にするべきではない。

26. 人種、宗教、ジェンダーに関係なく、高等教育機関への入学資格を持つすべての人のために、教育補助金やローンの収入調査によるスライド制メカニズムを制度化する。

27. 教育証明、修了証書あるいは学位の認定は、政治的理由や人種差別的理由に影響されることなく、厳格に学業を基本にして国家資格認定委員会が処理すべきである。

28. マレーシアのマイノリティの母語を使っている学校を、これらエスニック・コミュニティが集合している場所で彼／彼女たちからの需要があるかぎり建設すべきであり、そうした学校は資金配分において人種的に差別されるべきではない。

29. 中国人学校およびタミール人学校での教員不足の危機に対する長期的解決策を設ける。

30. 1996年の教育法を改正して、マレーシアの全エスニック・コミュニティの母語の使用、その言葉による授業、そしてその言葉の発展を保障している1957年の教育条例の教育方針を反映させたものにする。

31. どの学校でも、いかなるエスニック・コミュニティ出身であれ、最低5人の生徒がいるかぎり、通常の学校のカリキュラム内で、必修の'生徒独自言語(POL)'クラスを開く。

(5) 非人種主義的な文化政策への提言

32. マレーシア人の文化、宗教そしてエ

スニック性に対する知識、尊重および敏感さを促進する。

33.すべてのエスニック・コミュニティの祈りや礼拝の場所を、いかなる妨害もなく、彼／彼女たちの居住地域の官報で公示すべきであり、これら礼拝の場所に恣意的規制を一切かけるべきではない。

34.国内の芸術や文化の賞あるいは奨励金は、書かれている言語に関係なく、すべてのマレーシア人の作品を対象として含むべきである。

35.すべてのマレーシアのエスニックの文化は、公立の文化事業体やメディアで公正に表現されるべきである。

※下線は筆者によるもの。
(訳:小森めぐみ／アムネスティ・インターナショナル日本支部)

● **各国における現状と課題**

Towards Providing a Better Way of Life for Our People -
A speech celebrating the Maori Women's Welfare League's 50th Anniversary

私たちの民族の
よりよい生活に向けて

ジャッキー・テ・カニ ●*Jacqui Te Kani*

皆さん、今日は大変重要な日です。本当に重要な日です。

テ・アタ女王、ようこそ。

*Muru Raupatu Marae*にたどり着いてから今日までの厚遇に感謝します。

本日は大変重要な日です。1951年にランギアタアフア・ロイヤル、ルマティキ・ライトおよび小さな保険連盟を全国に設置したマオリ福祉担当官全員がいなければ、ウイナ・クーパーのような強い指導者が、ランギ・ロイヤルが名づけた組織を率いる機会を得なかったかもしれません。その組織とはマオリ女性福祉連盟[1]という今年で50周年を迎える組織です(2001年9月にニュージーランドのニュープリマスで開かれたマオリ女性福祉連盟50周年記念での講演の冒頭より)。

今日、マオリ女性福祉連盟会長として過去50年の業績を振り返り、今後50年を展望するにあたりどのように誇りと栄誉を感じているかは言葉で表すことができない。この機会において私たちの組織の過去の指導者や会員の人々の貢献と、私たちの民族のよりよい生活に向けた努力と献身に対して感謝を述べなければならないだろう。

私たち連盟は、1940年代の最初のマオリの福祉担当監査役テ・ランギアタアファ・ロイヤルがこの連盟を設立するイニシアチブをとったことに敬意を表する。

1951年以降、歴代の指導者達は全員、共同体の福祉に関する分野において女性が意思決定に関与することを強く主唱してきた。

1950年代には連盟創設者のウイナ・クーパー会長およびその後を継いだミリア・ローガンの指導の下、連盟の基礎と、マオリ、とくにマオリの女性と子どもの生活を改善するあらゆる活動を促進するという使命が確立された。彼女たちはマオリの土地の喪失がマオリ共同体に対していかに否定的影響をもたらしたかということを目の当たりにし、1970年代、デイム・ウイナはその喪失に光を当て、それ以上マオリの土地が売却されることを阻止す

---

[1] マオリ女性福祉連盟は、ニュージーランドのウエリントンに本部を置き、国内に200以上の支部を有するとともに、英国やハワイ、オーストラリアにも支部を持っている。

るために行進を率いた。

1950年代の会議では次のような勧告も行われていた。

・同一労働に対する同一賃金の原則と、政府が女性も男性と同じ昇進機会を有することを確保することによって模範となること

・子どもに対する暴行で有罪とされた者に対してより厳しい刑罰を科すこと

1960年代に入り、ルイハ・セージやマアタ・ヒリニ、ミリア・カラウリアの下で連盟は、健康、福祉、教育、住居および雇用問題に対応する任意団体としての努力を強化していった。

マオリ教育基金が設立され、私たち連盟は年少者教育と「放課後の宿題」プログラムを強く主唱してきた。また、ウェリントンで購入した不動産が連盟の資産基盤の第一歩となった。

記録によると、1960年代の会議では次の点が強調されている。

・太平洋における核実験に対する反対

・マオリ語を学校のカリキュラムに含めること

・女性と子どもに対する性犯罪が頻発していることに対して懸念を表し、法務大臣に対して、そのような状況に対処するために直ちに措置をとるよう要請すること

ハイン・ポタカ、ミラ・スザスジ、エリハペティ・ムーチーら1970年代の全国連盟会長は、マオリの女性の健康と教育の劣悪な状況に対し解決策を検討することを強く求め続けた。また、私たち連盟は1970年、オールブラックス(ラグビーのナショナル・チーム)の南アフリカ遠征に反対するなど人種主義に対して強い態度をとった。連盟の会員は年少者の教育プログラムを継続して実施し、女性に対する、「第二の機会」教育に関わり、マオリ語を教える教室を設置した。

エリハペティ・ムーチーは、マオリ女性の健康に関する研究プロジェクトを率い、その研究によってマオリ女性の劣悪な健康状態が保健当局の関心を引くことになった。その研究の成果はRapuoraという題で1984年本として出版されている。

この時期会議で取り上げられた議題を見ると、女性と子どもに対する性暴力の増加に対する懸念を反映している。

1980年代には、連盟がそれまで教育や福祉の分野で行ってきたことがマオリ担当省の支援を受け、Tu Tangata(自信)、Kohanga Reo(マオリの子どもたちにマオリ語を第一言語として教える方針)、Matua Whangai(自分の子どもではない子どもの世話をする人)などのプログラムの設立につながった。

80年代の歴代会長、バイオレット・ポー、マラエア・テ・カワ、ジョージナ・カービーとジューン・マリウの下でも連盟は健康および経済に関する強力なイニシアチブを確立してきた。

私たちは、マオリ女性に喫煙しない環境で活動的で健康なライフスタイルを送ることを促す「健康的なライフスタイル」プログラムをネットボールというスポーツを手段として始めた。連盟の支部では、マオリ・アクセス基金の支援を受け、労働市場に復帰しようとするマオリ女性のための研修プログラムを設置した。

一方、マオリ女性の自営と起業を支援するためのマオリ女性開発基金が設立された。1980年代の会議記録では次の議題が確認されている。

・連盟の核実験に対する反対表明
・連盟の子どもに対する性犯罪への懸念

新しく取り上げられた問題として次の点がある。

・ニュージーランドの公用語としてのマオリ語
・マオリ・テレビ

1990年代になると、アロハ・レリティ・クロフツ、アレタ・クープ、ドゥルイス・バレットらに率いられ、連盟は主に健康と教育の問題に取り組んだ。

連盟の支部では自分たちのネットワークを使い、それぞれの共同体での予防接種を促進し、選挙人の登録に関する情報提供を行った。また、精神医療施設の患者が共同体に復帰することについて人々を啓発するために精神衛生キャンペーンにも関わっている。

連盟支部はまた、マオリ・アクセスの資金を得て失業者のための研修プログラムを引き続き実施している。連盟による親のためのプログラムWhanau Toko ite Ora(よい親になろう)は連盟の8地区のうち6地区で実施された。

1993年、女性の参政権記念プロジェクトとして、多数の連盟創設会員の話が記載されている、Te Timatanga ― TatauTautauというタイトルの本が出版された。

会議の記録は連盟が次の点について反対していることを記している。

・子どもに対する暴力
・遺伝子修正

ニュージーランドを非核地域にするということに対する連盟の支持も再確認している。

全体的に見て、彼女たちは連盟の会員にとって模範として、会員の個人的な発展と成長を促してきた。私たちの民族によりよい生活をもたらすという思想は私たちの著名な指導者全員に共通する視点であった。

マオリ女性福祉連盟を率いてきた女性たちは、それぞれの共同体の指導者のなかでも不可欠な役を担い、共同体の人々のよりよい生活を提供するために新しいイニシアチブを率先して実施してきた。

21世紀を迎えたが、新世紀に入っても私たちは1950年代に直面していた社会的弊害から解放されていない。私たちの未来の世代に富と安全をもたらす道を切り開こうという私たちのビジョンを達成することは、次の50年の課題でもある。私たちの組織が考えた解決策は私たち自らの手で遂行し、実施しなければならないということを、政府は認めなければならない。解決策を試験的に実施している間でしか私たちの存在が認められていない、ということがあまりにもしばしば起こってきた。自分たちの考えを試験的に実施する予定であったのを他の当局が出現してくるという場合が何度もみられたが、もはやそのようなことは容認できない。連盟が開始したイニシアチブの多くは試験的実施で活躍した多くのボランティアのおかげで成功している。「健康的ライフスタ

イル」と「スモーク・フリー」がそのよい例である。

今日私たちが組織として直面する課題は今までになく大きい。今後力を注いでいかなければならない優先的分野として、よりよい住居、教育、雇用創出がある。Whanau（家族）内の社会崩壊を克服することはつねにこの組織の中心的業務であるだろう。私たちは、私たちの民族の女性と子どもをあらゆる形態の暴力から守ることを確保するためにますます努力しなければならない。「Whanau Tokoiteora」（よい親になろう）プロジェクトは、両親または親にtamariki（子ども）たちの面倒を見て、子どもたちが生命を享受する権利を有していることを確保するために責任を負うよう教えることのできる主な手段である。

私たちのこの国のtangata whenua（先住民族）としての価値を認める社会に移行しているというのならば、まずこの国の人種主義に対処しなければならない。

長年、この国の抱える問題の最大の貢献者は私たちの民族だといわれてきた。私たちがAotearoa（ニュージーランド）の全人口の14〜15％にしか満たないということを考えると、この統計に疑問を差し挟まなければならない。

しかし、もしそれが今日私たち民族の真の姿であるならば、社会は政府がマオリに投資することを容認し、そのことが私たち全員にとってよりよい国をつくることになるということを認めなければならない。そのような投資は、Aotearoaのあらゆる人にとって富、安定および安全をもたらすだろう。私たち全員にとって利益がもたらされるはずである。Wahinepakeke（マオリの女性）たちが、組織の次の50年に向けた構想の中に私が述べた意見を取り入れることを願う。

メディアや他の人たちがこの組織が遂行してきたイニシアチブと、いかに私たちの民族と非マオリの人たちとの格差に対処してきたかを認めるというのは、時宜に適っている。マオリの人たちの集団的な力によって私たちの民族がよりよい生活に向けて前進しているという成功例はいくつもあるが、メディアによる否定的な報道が継続することは私たちの民族の士気を向上させることにはならない。

今日私たちの民族に対してなんらかの願いがあるとするならば、それは私たちが現在直面している格差を縮小するために違いを乗り越え、一体となって前進していくことである。

私たちの民族を支援するにあたり、私たちの力は個人主義ではなく、私たちが一体となることにあるということを重ねて述べるほかはない。

最後に、私たちの民族がよりよい生活を達成するためには、私たちが責任を負い、私たち自身の間の一体性をつくるためにwaka（カヌー）を漕ぎ、それぞれの共同体、iwi、hapuとwhanau（文化的・政治的集団、親族、家族）のリーダーシップをとり続けなければならない。

※マオリ女性福祉連盟50周年記念での講演録(出典：Panui , December 2001, Ministry of Women's Affairs, New Zealand)より。

(訳：岡田仁子)

● 各国における現状と課題

How We Look at Muslims

イスラム教徒へのまなざし

八木久美子●*Yagi Kumiko*

1. われわれはどれほど イスラム教徒を 知らないか

　最近、周囲を見回すと、驚くほどにイスラム[1]についての関心が高まっていることに気づく。報道でイスラム世界にこれまでにないほどの時間や紙面が割り当てられている。これが2001年の9月11日のニューヨークでのテロ事件、およびそれに続くアフガニスタンでの展開がきっかけとなった現象であることはいうまでもないだろう。一連の事件を契機として、人々は、イスラムとはどのような宗教なのかを自分がこれまでほとんど知らなかったことにようやく気づき始めたようでもある。世界に12億近くいるとされるイスラム教徒とは、いったい何を信じ、どのように生きる人々なのか。これについてきわめて貧しい知識しか持たないことに気づかされたのである。

　知らないということはそれ自体、落ち度ではあったとしても、過ちではない。しかし知らないということは、ひとつの大きな過ちを引き起こす原因となることは忘れてはならない。自分がよく知らない、聞いたことも会ったこともない人たちに対して、人は往々にして誤った歪んだ像を作り出す。そうでなくとも、飛び抜けて優れた想像力に恵まれた一部の人間を除いて普通の人間には、身近に存在しない人々に暖かい感情を寄せることはそれほど容易な業ではない。たとえば、家族構成やそこの子どもの好きなテレビ番組、父親の好きな野球のチームまでをも知っている隣の家族がなんらかの不幸に見舞われたとしよう。そのときには自然に同情し、悲しみや苦しみを分かち持つことができるだろう。隣の家族というおそらくは生活様式も慣習もよく似たものを持った人々であり、個々の顔もよく見えている人々の場合には、すぐさま、あたかも自分の身に起きたことであるかのようにそこにわが身を置き換えて、そのときに自分が感じるであろう苦悩や悲痛さを想像することが比較的容易にできる。

---

[1]「イスラーム」か「イスラム」か？　後者のほうが実際のアラビア語の発音により近いという理由で、こちらを採用することが最近では徐々に多くなってきている。しかし未だにこの表記は一般にはなじみが薄いということ、そして「イスラム」という表記は、「回教」や「マホメット教」のように、実像を歪曲して伝える名称ではないので問題ないと判断し、ここでは「イスラム」というすでに定着した名称を用いる。

しかしそれがもし同じ日本人であっても、自分では訪れたことのない土地に生活し、すぐには理解できない聞き慣れぬ方言を話す人の身に発生したことであるとしたら、その痛みの分かち合いの度合いは格段に低くなるだろう。理屈では同情に値するとはわかっていても、どこかで自分の身に起こることではないという思いが多少なりとも入り込むのではなかろうか。

視野を世界に広げれば、たとえばアメリカ人は、多くの日本人にとって隣人とはいわないまでも他の数多くの民族、国民と比べて、かなり親しみのある人々である。アメリカ人が一般にどんな服を着、どんな歌を愛し、どんな冗談を好み、どんな類いの夢を持って生きているか、正確ではない場合もあろうが、それでもだいたいの想像がつく。重要なのは、多くの日本人がそうして思い描かれたアメリカ人の姿に共感したり、賛成したりするか否かではなく、とにかく人々がアメリカ人の姿はかなり具体的に思い描けるという点である。だからこそ、9月のニューヨークでのテロはことさら衝撃的に受け止められたのだ。東京や大阪の日本人も同じような高層ビルで働いている、そういうビルが攻撃の対象となる映像が繰り返し流された2)。われわれと同じような服装をした人々が逃げまどっている姿が映し出された。残された家族や友人の悲しみの表出の仕方も、ろうそくを灯し、静かに歌を歌うというわれわれの悲しみの表現に似ていた。こうして多くの日本人はニューヨークの人々に起きた災難を、自分の身に起きたことのように想像したり、あるいは自分の身にも起きる可能性があることとして見ることができたのである。

しかし多くの日本人には、今、アフガニスタンで飢えと寒さに苦しんでいる罪のない人々のようすにわが身を重ねることは難しい。生活習慣についても話されている言葉についても何も知らない遠い土地で、戦乱の年月を経て貧しさと無知のなかに葬り去られた人々の姿は、わが身とは容易には重ならない。こうして、今、アフガニスタンの人々が受けている苦しみはあたかも彼ら自身に原因があり、彼らがなにか自分で犯した罪に対する罰を受けているかのようにすら映る3)。

同じことは、アフガニスタンの人々にかぎらず、イスラム教徒全体についてもいえるだろう。仮に、9月のニューヨークのテロを行ったのがイスラム教徒だとしよう。すでに日本やアメリカではこれは仮定ではない扱いを受けているようだが、そのうえで不思議なのは、なぜ彼らが自らの命を絶ってまで、かつ直接の個人的な恨みなどまったくない相手を巻き込んでまでテロ行為を実行しようとしたのか、何が彼らをそういう行為に駆り立てたのか、という問いがほとんど発せられないということだ4)。いったい何が未来のある青年をこうした行為に突き動かしたのかという、浅

---

2) もちろん、報道が及ぼす影響も重要な要因であるが、ここではその問題を論ずる余裕はない。
3) アフガニスタンの人々について筆者が実際に聞いた反応には、「神様のことを言って戦争ばかりしていないで、少しは働いたらいいではないか」、「貧しいのに、子どもばかりたくさんいて、教育も受けさせず、物乞いをさせるなんて理解できない」などがあった。
4) エジプトのアル＝アハラーム紙をはじめ、アラブの主要紙が自爆機をしばしば日本の神風にたとえていることを考慮すると、日本における実行犯の心理に対する一般的な無関心はいっそう目を引く。

間山荘事件やオウム真理教の一連の事件に関しては発せられた真摯な問いが、イスラム教徒の場合にはほとんど問われない。あたかも「イスラム教徒だから」テロをやるのだといわんばかりに5)。

2. イスラム教徒のイメージ

　2001年の10月に、筆者はイスラムや中東地域などを専門とはしていないある大学の学生約100人を対象として、イスラムについての簡単な意識調査を行った。大学生という社会的には限定された層ではあるが、専攻は多岐にわたっており、イスラムについてはまったく専門的な知識を持っていないことから、いくらかなりとも日本人の一般的な認識を反映しているものと考え、ここで紹介したい。学生には、なんの条件も設定せず、ただイスラムという単語を聞いたときに頭にすぐに浮かんだもの、単語やフレーズを5つ、そして同時に仏教についても同じように5つ挙げるように要請した。その結果出てきた回答には興味深い傾向が見られた。

　重要なのは、仏教に関しては宗派の名称や「葬儀」、「寺」、「経文」、「曼陀羅」などに加えて、「幼稚園」、「檀家」、「布施」など生きた仏教者の具体的な生活に結びついたものが少なからず挙がっていたという点である。日本人にとって比較的身近な宗教伝統である仏教については、教義や儀礼という側面に加えて、家族を持ち生活している生きた人間としての仏教徒の日常的な姿も見えているのがわかる。仏教徒としてあるべき姿と実際にある姿の間には大なり小なりずれがあることも、人間として当然のことと感じられているだろう。こうした仏教についてのイメージと比べてイスラムに関する回答では、イスラムという宗教伝統と生きている人間としてのイスラム教徒の間の乖離がまったくといってよいほど想定されていないという点が目を引く。イスラムからイメージされるものは多様性がなく画一的であり、当然抽象的である。あたかも1000年前のイスラム教徒とわれわれと同じく21世紀を生きるイスラム教徒がまったく変わらぬ姿をとるかのようですらある6)。

　イスラムについて提出された回答は、大きく次のように4つに分類することができる。1つはジハード、聖戦という言葉に代表されるような闘争的な宗教であるというイメージ。第2には厳しい戒律を課す戒律宗教であるというイメージ。第3には後進的な宗教であるというイメージ。そして第4には砂漠のアラブ人の宗教であるというイメージ。この4つである。

　まず、最後に挙げた砂漠のアラブ人の宗教というイメージから片づけてしまおう。イスラムが民族の枠を超えた普遍宗教であることはすでによく知られたことであるが、それについては、約12億人といわれる現在のイスラム教徒のうち、アラブ人は少数派であるという事実を挙げるだけで十分であろう7)。

---

5) これと対照的なのは、再びアメリカの例を挙げると、1995年にオクラホマで168人の死者を出した爆破事件のティモシー・マクベイによるテロ事件に対する日本での大方の受け止め方である。つまり、このテロは1人の異常な、思想的に問題のある人物の仕業とされ、「キリスト教」に帰されることなどまったくといっていいほどなかった。
6) なかにはわずかながら、ガンジス川、五体投地など他の宗教伝統と混同しているものすら見られた。こうした回答は、世界を日本と欧米と「それ以外の地域」からできていると見る認識からきていることを示すものと考えられよう。

ジハードという単語はすでに聖戦という訳語をつける必要がなくなるまでに日本に定着した観がある。しかし、それは同時にイスラムは戦争を好む宗教、あるいは神の名の下に闘いを奨励する宗教であるというイメージの定着の証でもあろう。たしかにジハードとは、神の道に従って異教徒と闘うことである。そしてジハードはイスラム教徒が全体として果たすべき義務でもある。しかし、ではなぜ今も昔も、圧倒的多数のイスラム教徒は他の宗教に属する人々とともに平和のうちに共存しているのだろうか。彼らは義務を怠っているだけで、イスラム教徒としてあるべきなのは地の果てまでもイスラムが拡大するまで闘い続けることなのであろうか。

イスラムにかぎらず、キリスト教であれ、仏教であれ、民族を超えて全人類に向けられた宗教である普遍宗教は、理念的には全世界への拡大を最終的な目標とする。その意味では、イスラム教徒もその目標が達成される日まで「神の道に奮闘努力」し続けなければならない。元来、ジハードとは「(神の道に)奮闘努力すること」を意味するアラビア語である。しかしこれは、折伏を目的として武力を持って闘うことがイスラム教徒の義務であるということではない。イスラム教徒の理解では、コーランに明記されているとおり、「宗教に強制はなく」、同じく啓典の民であるユダヤ教徒、キリスト教徒はイスラム教徒の支配下にあってもその信仰を保ち、儀礼を実践する権利を認められる。たしかに西暦7〜8世紀におけるイスラム教徒が支配する地域の急速な拡大は武力を伴ったものであったが[8]、イスラム教徒の支配下に置かれた地域でも、異教徒は原則的には改宗を強制されることはなかった[9]。そうした地域の住人の多くが後にイスラムに改宗したのは、どのような動機によるものであれ、基本的には自発的なものであった。

さらに加えていうならば、イスラム教徒の間には、ジハードを大ジハードと小ジハードに分けて捉える見方がある。この場合、ふつうわれわれがジハードというときに意味されている異教徒との戦いは小ジハードのほうであり、大ジハードとは1人1人の人間が物欲、色欲、ねたみ、虚栄といったイスラムの教えに反する自分の心の中にある敵と戦うことなのである。こうした捉え方を見ると、「神の道に奮闘努力すること」であるジハードというイスラム教徒の義務を、安易に非イスラム教徒への攻撃と結びつけるのは正しい理解ではないことがわかるだろう。

以上を了解したうえで、さらに根本的な問いとして、われわれは闘う宗教が宗教としてあるまじき姿であるという前提を無意識のうちに持ってはいないかどうかを問うべきである。9月のテロのように罪

[7) それでもなおイスラムのなかで中心となるのは、アラビア半島の砂漠に住む人々という認識があるのかもしれない。たしかに発祥の地は砂漠がその大半を占めるアラビア半島である。しかし正確にいうと、預言者ムハンマドが誕生し、預言者としての活動を始めたメッカという場所は、砂漠の遊牧民の土地ではなく、隊商貿易に携わる商人達の都市であった。イスラムが砂漠という特殊な自然の生んだ宗教であるというのは、正確な理解ではない。
8) 歴史を振り返って、何教徒が支配するのであれ、ある帝国の領土の拡大は武力を持って行われたのであり、イスラム教徒による支配の拡大も単にその1つにすぎず、イスラム固有の現象ではないと理解すべきである。
9) しかし、多神教徒、偶像崇拝者はこの寛容な扱いから除外されていることは指摘するまでもない。それはイスラムが7世紀のアラビア半島の部族社会における荒廃したかたちでの多神教、偶像崇拝に対するアンチテーゼという意味があったことを考えると理解できるだろう。

のない者を暴力的な攻撃の対象にすることが、闘いの典型でも代表でもあるべき姿でもないことはいうまでもない。そのうえで、虐げられた者や弱い立場に置かれた者が自分の権利を要求し、人間としての尊厳を取り返すべく行動を起こすこと、その意味で闘うことは否定されてはならない。そして、そうしたおそらく容易ではないであろう闘いを精神的に支えるものとして宗教が機能することは、宗教のあるべき姿に抵触するとは考えられない。ひたすら「苦難に耐えよ」、「自分を害する者にも愛をもって応えよ」というのは、非常に美しく高邁な教えではあるが、ひとつ間違えば強者に都合のよい論理になりかねないことを見逃してはならない。また実際に、イスラムの名を掲げて「闘う」者たちの圧倒的多数が、暴力、武力を手段とせず、言論により、教育・啓蒙活動により、慈善活動により、正義を求めて格闘しているという当たり前の事実もわれわれは忘れてはならない。

イスラムは、厳しい戒律を課すことでよく知られている。また信徒が果たすべき義務にも詳細に定められた儀礼が含まれる。おそらく多くの日本人にとって最もなじみがあるのは、日に5回定められた時間に決まった所作で行う礼拝や1カ月間の日中の断食、そして世界各地から聖地のメッカに向かう巡礼であろう。豚肉や酒類が禁じられていることもよく知られていよう。こうした厳格な戒律や儀礼の多さはともすると、イスラムが外的な形式重視の宗教であり、内面的なもの、精神的な部分が貧しい宗教であるという誤解を生む。しかしそれはこうした戒律や儀礼の意味、つまりそれらを実際に行うイスラム教徒たちがそこに付与する意味についての無知が招いた誤解である。

たとえば、礼拝や巡礼などの儀礼についてわれわれはその見慣れぬ所作や形式に目を奪われがちであるが、これらの儀礼の最初に「意志の表明」が義務づけられていることの意味を見逃してはならない。礼拝であれば、これから自分は神の定めに従って神への礼拝を行うという自分の意志を明らかにすることが要求される。つまり、気もそぞろに他のことを考えながら形だけ礼拝の所作をこなすことなどあってはならない。であるから、もしも誰かが意味もなく他人の真似をして礼拝と同じ所作をしたとしても、それは礼拝をしたことにはならないのである。また巡礼に関していうと、子どもが親に連れられて巡礼に行くこと自体は許されるが、自分の意志が確立しない段階での巡礼はイスラム教徒の義務としての巡礼を行ったことにはならないというのもまた興味深い。巡礼者がメッカ周辺に滞在中になすべき儀礼は詳細に定められているが、そのどれもがカアバ神殿の建立者とされ真の一神教徒と崇敬されるアブラハムとその一家の経験を追体験するものであることを知ることは、イスラム教徒の巡礼者たちの感情を理解するのに役立つだろう。

戒律が厳しく儀礼の要素が多い宗教はともすれば、それらを実践してさえいれば天国を約束する宗教とイメージされかねない。しかしわれわれはこうした戒律や儀礼を単なる天国を予約する切符と見るべきではない。そうではなく、戒律を

守り儀礼を実践することは、われわれになじみのあるものに言い換えれば修行と同じ意味を持っているのではないかと考えられる。それらの実践を通して、イスラム教徒は神と己との関係を確認し、信仰を磨いていく。

イスラムはしばしば後進性と結びつけられる。イスラム教徒の多い国はいわゆる途上国が多いから、イスラムは後進的な社会を生む原因であるという理屈である。しかし歴史を振り返れば、16世紀を境にして西洋キリスト教世界とイスラム世界の立場が逆転し、イスラム世界がそれまで多様な分野で保っていた優位を失ったという事実が見えてくる。逆転したこの構図は、イスラムがゆえに「後進国」であるという論理を崩す。

さらには、後進性という言葉の意味について問い直してみなければならない。往々にしてわれわれはある国を後進的と呼ぶとき、無意識のうちに前提としているのは、アメリカや西欧、日本といった国々のあり方にどれだけ近いか離れているか、その距離ではないだろうか。この前提の背後には地球上のすべての社会は一直線上に同じ方向を向いて進んでおり、その先頭にアメリカ、そして西欧、日本が位置するという了解があるのは確かだ。しかし実際に現在、後進的とされる地域の人々はそうした方向に向かって歩みを進めているのだろうか。たとえば人類の幸福というような大きな目標は同じであるとしよう。しかし、そこに近づくべくとるルート、前進のために選ぶ手段は同じと了解されているだろうか。今、世界の中で、この問いに最も明快に否と答えている人々がイスラム世界にいるのではないだろうか10)。彼らからすれば、自分たちの社会がアメリカ型社会との距離を根拠に「遅れている」といわれることは、アメリカ社会をイスラム的価値からの距離を根拠にイスラム的に「遅れている」と呼ぶのと同じ程度に的外れなのかもしれない。

3. イスラム教徒という他者の理解に向けて

どれほど言葉を尽くして説明されても、多くの日本人は「イスラムはわからない、理解できない」と感じるかもしれない。しかしここで注意してほしいのは、「理解」することとは、「好きになること」や「同感すること」ではないという点である。イスラムという宗教伝統やそれを信じて生きるイスラム教徒を「理解する」というのは、イスラム教徒としての生き方や実際に生きているイスラム教徒を「好きになる」ということを意味するのではない。己の日本人としての生き方や価値観を保つままに、それでなおイスラム教徒の姿をすばらしいと思うことができたならばそれに越したことはないだろうが、しかし、異なる文化のまったく違った慣習や価値観は、いつも心に触れるような魅力を持ったものとして立ち現れるとはかぎらない。

---

10)「イスラム国家」、「イスラム的社会」の樹立をめざすイスラム主義者がその代表である(メディアでは「イスラム原理主義者」「ファンダメンタリスト」の名称が用いられるが、これらは往々にして武装闘争を行う急進派のみをイメージさせることが多いことを第一の理由に、ここでは用いない)。彼らは「イスラム的民主主義」、「イスラム的近代」を議論し、イスラムを捨てることが民主主義の採用、社会の近代化につながるとは考えない。

しかし、好きにはなれなくともできること、あるいはしなければならないことがある。それはイスラム教徒の礼拝であれ、巡礼であれ、豚肉の忌避という戒律であれ、こうした1つ1つの慣習、儀礼、戒律が内側の人間に対して持っている主観的な意味を知ることである。そうすることを「理解」と呼びたい。

ここで立場を逆転させて、われわれ日本人を理解される側に想定してみよう。仮に、運転免許をとったばかりで、初めて車を運転する息子に母親が近所の神社でもらってきた交通安全のお守りを与えたとする。そしてある異文化に属する人間が、「日本人は、金糸を織り込んだ贅沢な布の小袋に交通事故を防ぐ呪力が潜んでいると信じている」と説明し去ったとしてみよう。それは誤った説明ではないにせよ、お守りをめぐる一連の行為がその母親にとって持つ主観的な意味を正しく説明してはいない。母親は、人間の手ではどうしても防げない事故がありうることを明確に理解したうえで、それでもなお、息子の安全を能うかぎりの方法で確保したいと願う。そのとき彼女が向かう先が図書館でも警察でもなく、自分の親やそのまた親が家族の安全や幸せを祈願した神社であり、時空を超えた人と人、人と神とのつながりの中で日常の中では確保できない力を得ようとしたのだと読み解いてこそ、その母親の行為を「理解」したといえるのである。

日本や日本人を異国情緒の中に据え、誤解を通して日本びいきになる外国人には決して日本を「理解」できないように、自分の好みを投影したイスラム好きも無用のものである。そうではなく、外側の人間には意味不明の、わけのわからない、根拠のないものと見える儀礼、信条、慣習が内側の人間にとってどういう意味を持つのかを知ろうとする真摯で誠実な態度こそが、他者と共存し、さらに対話に基づいた何か建設的な動きを進めるには最低限必要な、最初の一歩であろう。歴史的に日本人にとって非常に遠いところに位置し続けてきたイスラム教徒は、私たち日本人がこの問題にどう応えていくかの課題を与えているように思われる。

第Ⅱ部

Part2 Development of Human Rights Activities in the Asia-Pacific Region

アジア・太平洋地域の人権の動向

●国連の動向とアジア・太平洋地域の人権

Human Rights Activities by UN in 2001

2001年の国連の動き

　2001年は、国連が提唱する「人種主義・人種差別・外国人排斥・不寛容に反対し力を合わせて行動する国際年」にあたり、8月28日から9月8日にかけて南アフリカのダーバンで「反人種主義・差別撤廃世界会議（WCAR）」が開催された。しかし、直後の9月11日、米国で「同時多発テロ」が発生し、それに対して米英軍によるアフガニスタンへの空爆が繰り返された。その結果、国土の荒廃と難民・避難民の大量発生をもたらした。タリバン政権の崩壊以降、復興に向けた国際的な協力が始まった。

1.人権委員会

　2001年3月19日から4月27日にかけて、国連人権委員会第57会期がジュネーブで開催された。会期中は、南アフリカで8月末から開催予定の「反人種主義・差別撤廃世界会議」に関してさまざまな視点から言及された。また、人権委員会担当の国連事務局によると、全体会の合計時間、声明の数（1,300以上）、採択された決議と決定の数（101）、同時開催小会合の数、とくに女性の増加をみた参加者総数（3,663名）など、どれをとってもこれまでで最も多い数となり、例年人権委員会の会場となっているジュネーブ国連事務局内の17番会議室がもはや手狭になったともいわれ始めた。今会期に参加した国家首脳も世界人権宣言採択50周年にあたる1998年のときの記録と同数となり、コンゴ民主共和国、フランス、マケドニア、スイス、ユーゴスラビアの大統領がスピーチを行った。

　今会期でも、広範囲にわたる多種多様な人権問題が扱われたが、ここではそのうちのいくつかに焦点を絞って報告させていただく。

(1)国別審議と1503手続

　全体会における個別の国・地域に関する審議では、アフガニスタン、ブルンジ、コンゴ民主共和国、キューバ、赤道ギニア、ロシア領域内のチェチェン、イラン、イラク、ミャンマー、ルワンダ、シエラレオネ、スーダン、南・東欧における人権状況についての決議がそれぞれ採択された。一方で、中国の人権状況に関する決議案もあったが、例年同様、中国による「動議」が、賛成23、反対17、棄権12という投票結果で認められ、採択されないこととなった。

　一方、大規模人権侵害を非公開で審議する1503手続の下では、コンゴ共和国、モルジブ、トーゴ、ウガンダの4カ国が扱われ、トーゴについては検討が持ち越されることになった。

(2)特別報告者

　人権委員会では特定テーマにおいて、

情報の収集や実情調査のために特別報告者を任命しているが、今会期では、傭兵、有毒廃棄物、拷問、信教の自由、意見と表現の自由、教育への権利などの各テーマに関する特別報告者の任期更新が決定された。人権の文脈での有毒廃棄物に関する特別報告者の任期については、15の委員国が人権委員会以外の場で扱うべきだとしたが、38の委員国によって任期更新が決定された。さまざまな分野と人権問題の深い関係性を証明する一例といえよう。また、多くの政府代表がこれら特別報告者の自国への受入れを強く表明する声明を行ったことも、今会期の特徴といえよう。しかし一方で、いくつかの政府代表による個人攻撃ともいえるほど、数名の特別報告者に対する批判発言もあり、議長と国連人権高等弁務官は、ともにそういった批判に深い憂慮を表明し、特別報告者へのさらなる支持の必要性を訴えた。

また、人権委員会は、経済社会理事会に提案されることとなる次のようなポストの設置を決定した。

①ボスニア・ヘルツェゴビナおよびユーゴスラビアの人権状況を調査する特別代表(決議2001/12, para.40)、②社会権規約の選択議定書草案の問題を研究する独立専門家(2001/30, para.8(c))、③非自発的失踪から人々を保護するための既存の国際法枠組みを検討する独立専門家(2001/46, para.11)、④先住民族の人権と基本的自由の状況に関する特別報告者(2001/57, para.1)。

(3)「寛容と尊重」に関する特別討議

人権委員会でしばしばもたれる「特別討議」のテーマは、今回は「寛容と尊重」であった。調停、社会的排除、宗教、ジェンダー(性の平等)、教育、移民などが焦点となり、パネリストの1人、オーストラリア連邦議員のうちただ1人の先住民族出身者であるアデン・リッジウエイ氏による先住民族の権利を尊重することの重要性の主張や、「多くの国々で女性の権利の実現が歯がゆい状況である一方、公の場で議論すること自体はもはやタブーではなくなりつつある」こと、また、「移民は社会を成熟させることに貢献する」など、活発な意見が交わされた。

(4) 人権教育に関する決議

今回、総意で採択された、「人権教育のための国連10年(1995～2004年)」(2001/61)と題する人権教育に関する決議は、これまでのものと比べてひとつの進展があったといえよう。昨年9月に出された「人権教育のための国連10年」の中間評価に関する報告書に含まれているさまざまな「勧告」が、アネックス(Annex)として決議末尾に添付された。一方、今回の決議の履行の側面では、各国政府に対して「促す(invite)」という表現となっており、人権教育の重要性については全会一致に至りながらも、履行義務については各国政府の消極性がかなり根強いといわざるをえない。決議草案作成の過程においても、中間評価報告書の決議本文の中での取扱いについて複数の委員国から消極的意見が主張され、表現がいくつか変更された

ことも事実のようである。人権教育のいっそうの推進に向けて、NGOの側からも人権委員会の場で声明などによるさらなる主張を行っていく必要があろう。

(5) その他の決議

第57会期では、「民主主義」と「統治」についていくつかのアプローチで決議が採択された。「民主主義の根本基盤としての民衆参加、公平、社会正義ならびに非差別の強化」、「民主主義を促進かつ強化する手段に関する対話の継続」、「民主主義と人種主義の相反性」、「人権促進におけるよき統治の役割」などがある。また、「移民とその家族の保護」と題する決議が今回新たに総意で採択された。この決議では、移民とその家族を人身売買や密輸斡旋者、犯罪組織などから保護する方途について関係諸国が取り組むよう奨励している。そのほかに、昨年までの「平和の文化に向けて」という決議に代わり、「平和への人々の権利の促進」と題する決議や、「人権と国際連帯」などといった決議も採択された。

(6) 日本に関連する議論

日本に関連することとして、「女性の人権」の審議のとき、韓国ならびに北朝鮮が、日本の「従軍慰安婦問題」に対する対応が不十分であるとの発言を行った。韓国は、1995年に、「日本との今後の信頼関係のために、政府間の公の場(人権委員会など)での従軍慰安婦問題へのさらなる追及や批判はせずにその後の日本の誠意に基づく対応に任せたい」としていたのだが、今回このような発言を行った背景には、現在の歴史教科書の問題が大きく影響しており、「子どもの人権」の審議のときには、教育における「歴史の歪曲」であるとして、韓国、北朝鮮、中国などが発言した。日本政府は、「国内の教科書検定委員会の存在のため、政府としては教科書の内容に関する決定権がない」と釈明した。

人権委員会で採択されたすべての決議については、国連人権高等弁務官事務所のホームページ（http://www.unhchr.ch/html/menu2/2/57chr/57main.htm）を参照されたい。
※ヒューライツ大阪ニュースレターNo.38(2001年7月号)より転載。

(藤井一成／創価学会インタナショナル〔SGI〕国連代表・ジュネーブ)

2. 人権促進保護小委員会（人権小委員会）

人権促進保護小委員会(以下、小委員会)は、人権委員会(Commission on Human Rights、以下CHR)の下部機関として1947年に設置され、個人資格の26名の委員により構成される[1]。国際人権問題に関する調査研究や人権基準策定の提言が主な任務である。第53会期は2001年7月30日から8月17日までジュネーブの国連欧州本部において開催され、24の決議と22の決定が採択された。討議された議題は以下のとおりである[2]。

---

1) 人権小委員会の任務や役割に関しては、Asbjorn Eide, 'The Sub-Commission on Prevention of Discrimination and Protection of Minorities', *The United Nations and Human rights -A Critical Appraisal* (Philip Alston ed.),1992参照。

(1) 作業手続

小委員会の親機関であるCHRの決定3)により、第52会期より小委員会の作業手続は改正されている。大規模かつ重大な人権侵害の事態を特定することを目的とした非公開通報手続 (1503手続) が本会議の審議事項ではなくなり、4週間から3週間へ会期が短縮された。小委員会が個人資格の委員、政府代表、国際機構の代表、NGOなど多様な参加者によって国際人権問題を討議するというフォーラム的性格を有していることに鑑みると、実質的な討議の時間が不足していることは否めない。小委員会は、CHRに対して4週間に会期を戻すことを要求している (E/CN.4/2001/117)。

(2) 世界各国における人種差別を含む人権侵害問題

上記の小委員会の作業手続の改正に伴い、特定国の人権状況に関する決議を採択することは禁止された。しかし、CHRが取り上げていない特定国の人権状況や、あらゆる国の人権の重大な侵害を含む緊急事態に関する討議の自由は認められており、その内容はCHRへ報告される。世界各国4)での人権侵害状況に関しては、委員や多くのNGOから報告があった。また政府代表による応答の場では、各国の制度や近年の改善点を主張し、NGOらの報告と対立する場面もあった。

(3) 司法行政と人権

会期中に開催される作業部会において、テロや武力紛争など緊急事態下にある国で多発している被拘禁者に対する拷問といった公権力による暴力や免責、死刑問題、そして軍事法廷を含む司法行政による先住民族やマイノリティに対する差別問題が検討され、小委員会に報告された。またハンプソン委員からは、派遣先での国連PKO部隊によるレイプの現状が報告され、PKO活動に関する責任問題の研究が決定された (E/CN.4/2001/105)。

(4) 経済的・社会的・文化的権利

オロカオニャンゴ委員とウガダマ委員によって「グローバル化が人権の完全な享受に与える影響に関する報告書」が提出され、知的所有権と人権、WTOの紛争解決パネル制度に関する問題などが報告された。小委員会では国際経済・金融機構である世界銀行、WTO (世界貿易機関)、IMF (国際通貨基金) らの代表も参加して討議が行われた。発展途上国における債務問題や絶対的貧困問題の解決に向け、国家や国際経済・金融機構の活動における国際人権法と国際経済法の関係に関するさらなる研究が奨励された (E/CN.4/2001/5)。

CHRの許可によって、小委員会は2002年に経済的・社会的・文化的権利

---

2) 事務局によって準備された第53会期人権小委員会の暫定的議題 (Provisional Agenda) に関しては、E/CN.4/Sub.2/2001/1/Add.1にて確認することができる。
3) 'Enhancing the effectiveness of the mechanism of the Commission on Human Rights', E/CN.4/DEC/2000/109. これに関する人権小委員会の作業部会に関しては、波多野里望「国連人権小委員会の活動1999」国際人権No.11参照。
4) 人権侵害状況が報告されたのは、アフガニスタン、インド、ネパール、スリランカ、ブータン、サウジアラビア、モーリシャス、スーダン、イエメン、キルギスタン、ウズベキスタン、エジプト、チュニジア、ブラジル、グァテマラ、アルジェリア、チェチェン、イスラエル、インドネシア、トルコ、日本、マレーシア、カメルーン、メキシコ、アメリカ、西サハラ、パキスタンである。

に関するフォーラム(ソーシャルフォーラム)を開催する。今会期の小委員会において、そのための準備パネル会合が開かれ、ソーシャルフォーラムのコンセプト、役割や目的について討議された。2002年のソーシャルフォーラムでは、貧困削減と食糧への権利の実現との関係について言及することを決定した(E/CN.4/2001/24)。

昨年、ギセ委員によって飲料水と公衆衛生への権利実現に関する研究が提出されたが、研究の継続がCHRで棄却された。水の枯渇が生存権の侵害だけでなく紛争の原因にもなっていることから、CHRの棄却の判断は多くの委員によって非難され、小委員会はCHRに対して研究の継続を勧告した(E/CN.4/2001/2)。

(5)先住民族とマイノリティの差別の防止保護

グネセケレ委員によって「職業と門地(世系)に基づく差別に関する作業文書」が提出された(E/CN.4/Sub.2/2001/16)。職業と門地に基づく差別に関する法整備が行われている国家でも、実際に法律が機能していないことや、政府やNGOからの情報が不足している、という問題が報告された。本会議においては、作業文書の対象国が一部の国や地域に限定されている点が、政府代表や一部のNGOから指摘された。本会議における討議を踏まえたより広範囲な内容の研究報告が次会期までに望まれている(E/CN.4/2001/110)。

アイデ委員は、「マイノリティに関する作業部会の報告書」を提出し、国家に対しマイノリティに関する条約の批准や、条約の国内実施に関する作業部会の情報を考慮するよう勧告した(E/CN.4/Sub.2/2001/22)。小委員会において同委員は、意思決定における少数民族の言語の問題についても言及した。

ダエス委員が提出した「先住民族とその土地との関係に関する作業文書」では、各国政府に対して、先住民族の土地の認識、境界画定、特別保護を与える法律の制定を勧告した(E/CN.4/Sub.2/2001/21)。なお、2002年5月に先住民族の経済的・社会的発展、文化などの討議を目的とした常設先住民問題フォーラム(経済社会理事会の諮問機関)が開催される。小委員会からは、先住民族に関する作業部会の報告書が提出される。

近日に迫った反人種主義・差別撤廃世界会議に対して、小委員会は同会議が焦点を当てるべき20の点について提案し、同会議が人種主義や人種差別の撤廃のためのグローバルかつ組織的な戦略を明確にすることを勧告した(E/CN.4/2001/11)。

(6)その他

民主主義の促進と強化(E/CN.4/Sub.2/2001/32)、テロリズムと人権(E/CN.4/Sub.2/2001/31)、女性や女児の健康に影響する伝統的慣行(E/CN.4/Sub.2/2001/27)、現代的奴隷制(E/CN.4/Sub.2/2001/30)に関する報告と討議が行われ、調査研究の継続も決定されている。これらの議題内容は他の人

権侵害問題とも大きく関わるので、小委員会においては他の関連する議題の討議においても扱われた。

(野村文月／神戸大学大学院国際協力研究科博士課程)

3.女性の地位委員会

女性の地位委員会は経済社会理事会の下に設置された機能委員会の1つである。第45会期女性の地位委員会は、2001年3月6日から16日まで、さらに議長提案を受けた同委員会の決定に基づいて5月9日から11日まで開催された。

(1)採択された決議案および決議

女性の地位委員会は、親組織である経済社会理事会が採択すべき内容を決議案として採択し、経済社会理事会に送付するが、今会期では決議案として「パレスチナ女性の状況と支援」、「アフガニスタンの女性と子どもに対する差別」、「女性の地位委員会の多年度作業計画(2002～2006年)」、「テーマ別問題に関する女性の地位委員会の合意結論」を採択した。このうちパレスチナ女性に関する決議案は投票にかけられ、賛成31、反対1(アメリカ)、棄権1(ルワンダ)で採択されたが、ほかはコンセンサスにて採択された。

また、経済社会理事会が注意を喚起すべき問題として、「武力紛争下で人質・監禁された女性と子どもの救済」、「国連システムにおけるすべての政策・計画へのジェンダー視点の主流化」、「女性の地位向上のための国連システム全体を範囲とする中期計画案(2002～2005年)」に関して女性の地位委員会決議を採択した。このうち「武力紛争下で人質・監禁された女性と子どもの救済」については投票となり、賛成31、棄権2(アメリカ、インド)で採択された。

(2)女性の地位委員会の多年度作業計画(2002～2006年)の概要

北京行動綱領および成果文書(女性2000年会議で採択)が効果的に履行されるように、女性の地位委員会は、他の分野とも関連性を持つ横断的な問題を考慮すべきであるとして、2002年から2006年までに女性の地位委員会が取り上げるべき諸問題を定めた。

2002年―①貧困の撲滅(グローバル化する世界において生涯を通した女性のエンパワメントを含む)、②環境管理と自然災害の軽減:ジェンダーの視点

2003年 ①メディアおよび情報通信技術への女性の参加とアクセス、それらがもたらす影響および女性のエンパワメントと地位向上のための手段としての利用、②女性の人権と北京行動綱領および成果文書において定義された女性と女児に対するあらゆる形態の暴力の撤廃

2004年―①男女平等を達成するための男性と男児の役割、②紛争防止・管理・紛争解決および紛争後の平和構築への女性の平等な参加

2005年―①北京行動綱領および成果文書の履行状況の評価、②女性と女児の地位向上とエンパワメントのための現在の課題と将来戦略

2006年―①開発における女性の参加

促進：とりわけ教育、健康、労働分野を考慮に入れた男女平等および女性の地位向上を可能とする環境、②あらゆるレベルにおける意思決定過程への女性と男性の平等な参加

(3) テーマ別問題に関する女性の地位委員会の合意結論

今会期では2つのテーマで専門家パネルが設定された。1つは「女性、女児とHIV/AIDS」であり、もう1つは「ジェンダーとあらゆる形態の差別、とくに人種主義、人種差別、外国人排斥および関連のある不寛容」である。これらのテーマは、国連エイズ特別総会（2001年6月）および反人種主義・差別撤廃世界会議（2001年8～9月）の協議にジェンダーの視点を導入することを目的に設定された。これらの討議内容が、議長報告のかたちで最終的な合意結論に盛り込まれた。

「女性、女児とHIV/AIDSに関する合意結論」においては、新たな目標および北京行動綱領をはじめとする、これまでの国際的合意に基づいて設定された目標の達成に必要とされる行動へのジェンダーの視点の完全な統合を含め、国連エイズ特別総会の準備過程および成果文書にジェンダーの視点を完全に組み込むことが提言され、政府、国連システムおよび市民社会は、女性のエンパワメントを図ることが求められた。

「ジェンダーとあらゆる形態の差別、とくに人種主義、外国人排斥と関連のある不寛容に関する合意結論」においては、男女差別は他のあらゆる形態の差別によって強化され、促進されうることから、多種多様な形態の差別のジェンダー分析が不可欠であり、反人種主義・差別撤廃世界会議の準備、活動および成果にジェンダーの視点をその中核に据える重要性が強調された。

各合意結論の仮訳は内閣府男女共同参画局のホームページを参照のこと（http://www.gender.go.jp）。

（米田眞澄／京都文教大学非常勤講師）

4. 難民高等弁務官事務所（UNHCR）

(1) 難民条約の再活性化を目的としたグローバル・コンサルテーション

現在の難民保護の重要性を再確認し、さらに活性化させるための「グローバル・コンサルテーション」と呼ばれる世界的な協議会が、UNHCR主導のもと、各国政府、NGO、難民法の専門家、そして難民自身の参加を得て始まった。この一連の取組みの目的は、UNHCRによると、主に1951年の「難民の地位に関する条約」と1967年の「難民の地位に関する議定書」（以下、あわせて難民条約とする）の趣旨を再確認し、新たな方策を話し合うこととされている。

ただし、アムネスティ・インターナショナルは、その背景に「難民の保護を制限するというオーストラリアと英国からの声」があると指摘している。実際、ビザの要件の厳格化、（「違法入国者」にサービスを提供した）運送業者への罰金等の不到着政策によって、難民申請者が出身国に封じ込められ難民となれない、そ

のために非合法な手段で先進国へ入国せざるをえない状況も起きているなかで、難民条約の今日的意義についてあらためて問い直すために、UNHCRがとらざるをえなかったプロセスであるともいえる。

実際に2001年7月には、オーストラリアにおいて、中東からの難民申請希望者を乗せたノルウェー国籍船のタンパ号が領海内へ入ることを拒否され、入国を阻止されたことがあり、難民保護をめぐる各国の厳しい対応をあらためて見せることとなった。

グローバル・コンサルテーションの協議は、主に以下の3つの分野に分かれて進められた。

①難民条約の締約国政府による難民条約の趣旨を再確認する分野。2001年12月に締約国の代表がスイスに集まり、宣言を採択した。宣言においては難民条約が難民保護についての主たる文書であり、難民である者へ適用される人権を含む権利と最低限の処遇についての基準を定めているということ、また他の人権条約や地域難民保障条約の重要性等が認識された。加えて、締約国によって難民条約に定められている権利を十分にかつ効果的に実行すること、難民条約に未加入である国々へ加入を呼びかけること、UNHCRが国際難民保護を実施するうえで非常に重要な役割を果たしていることを再確認し、UNHCRが難民条約の履行を強化すること、またその際にUNHCRとの連係を密にすること、難民申請者や難民の福祉のためにNGOが個々の支援から世論喚起等さまざまな支援を提供していること、難民を生み出さない予防的措置が重要であり、国際保護の究極的なゴールは難民にとって恒久的な解決を見出すことであることなどが確認されている（HCR/NMSP/2001/09）。

②難民法に詳しい政府関係者、学者、法律家、NGO職員が個人資格で参加し、難民法の解釈に関する新しい指針を出す分野。2001年5月、7月、9月、11月に、世界各地で難民条約の解釈についての話合いを行った。具体的なテーマは、「難民条約の除外条項（非人道的な罪などの理由により難民認定されないケースを定めた条項）」、「適用停止条項（出身国に帰還できるなど難民としての保護を要する原因がなくなったためにその地位が終了することを定めた条項）」、そして「ノン・ルフールマン（強制送還の禁止）の原則」、「違法入国」、「安全な第二国」、「家族の再統合」などについて話し合った。この議論をもとに難民条約の解釈の指針となっているUNHCRの「難民認定基準ハンドブック」を補完する新たな解釈指針が作られることが期待されている。

③UNHCRの執行委員会（EXCOM）を中心に、難民条約が対象にしていない事態を認識し、新たな方策を検討する分野。「難民が大量流入するなかでの保護」、「移民と難民の関連」、「各国の難民認定制度に基づく難民保護」、「保護を基盤とした難民問題の解決策」、「難民の女性や子どもの保護」などのテーマ別に、2001年3月、6月、9月、2002年5月にジュネーブにて会議が持たれた。

加えて、3つの分野のほかに世界各地で地域会合が開かれ、その地域において問題であることが広く認識されている課題について話合いが持たれた。アジア・太平洋地域においては、2001年5月28日～29日にマカオにおいて「難民・難民申請者の保護」について各国政府代表、NGO、専門家、国際機関の計51名が参加し、この地域における難民保護の課題について話合いが持たれた。

　会議においては、難民を保護していくという理念が確認されたというよりもむしろ難民保護に関する懸念が表明されたかたちとなったが、最終的には「永続性のある解決へのアクセスを含む総合的な枠組みの必要性を認識する」などを含んだ結論が採択され、難民保護についての一応の確認がなされたといえる。

　このほかにも、世界の各地域においてアフリカでの難民の大量発生や、東ヨーロッパでの安全な第三国について等その地域、国に関係の深いとされる議題についての話合いがなされた。

　この「グローバル・コンサルテーション」がめざす成果は、諸問題への取組みについてさらなる同意をとりつけることから、国際的な基準の設定までとさまざまある。UNHCRはグローバル・コンサルテーションを通じて認識された難民保護に関する行動の提案をまとめた「難民保護への課題」を2002年10月の執行委員会までにまとめるべく執行委員会の小委員会にて準備を行っている。これによって、今後数年にわたってUNHCRの活動指針となり、国家、NGOほか難民保護のために働いているさまざまなアクターにとっても、難民保護についての基準を策定し、関連の行動を行う際に示唆的である文章となることが期待されている。

　「難民保護への課題」は主に以下の5つの目的を含んでいる。①難民条約履行の強化、②より大規模な人の移動が行われるなかでの難民のより効果的な保護の確保、③より公平な重荷や責任の負担と難民を受け入れ保護するための体制（Capacity）の構築、④安全に関連した問題の対処、⑤恒常的な解決を導き出すためのより強力な取組み。

(2) 9月11日以降の「難民保護」

　9月11日の米国同時多発テロから約1カ月後、2001年10月23日のUNHCR NEWSにおいて「9月11日事件の余波のなかでの10の難民保護に関する懸念」と題した文章を発表した。世界各国の政府が9月11日の事件を受けて、テロとの闘いのためにさらなる保安上の手続を検討するなか、UNHCRは、難民申請者と難民に直接的な影響を及ぼすおそれがあり、起こりうる状況に関しての10の懸念を作成した。その中で、真正な難民申請者が、一般の人々の偏見や、不当なまでに制限的な法律や行政措置の犠牲者になること、また、これまで慎重に形成されてきた難民保護の規準が衰退してしまうことについて強い懸念を表明している。

　複雑な世界情勢のなか、これらの動向を踏まえて2002年は、「難民保護への課題」についてより詳細で具体的なプランが練られていくことが予想される。

（石川えり／特定非営利活動法人難民支援協会）

5. 人権条約機構

主要条約の締約国による履行を監視するために、6つの条約委員会が設置されている。2002〜2003年の会合予定は表1、2002年3月31日現在のアジア・太平洋地域の各国の条約の批准状況は表2のとおり。各条約機関は、その条約に関する見解や、締約国の義務についての解釈を一般的意見として採択している。

(岡田仁子)

表1●2002-2003年の国連条約機関の検討仮日程

	会期	期間	審議される国（予定）
社会権規約委員会	第29会期	2002.11.11-2002.11.29	エストニア(1)、グルジア(2)、ギリシア(*)、ポーランド(4)、スロバキア(1)、**ソロモン諸島(1)**
	第30会期	2003.4-2003.5	ブラジル(1)、イスラエル(2)、ルクセンブルグ(3)、**ニュージーランド(2)**、モルドバ(1)
自由権規約委員会	第74会期	2002.3.18-2002.4.5	ガンビア(*)、グルジア(2)、ハンガリー(4)、スウェーデン(5)
	第75会期	2002.7.8-2002.7.26	スリナム(*)、モルドバ(1)、トーゴ(3)、イエメン(3)、**ニュージーランド(4)**、**ベトナム(4)**
	第76会期	2002.10.21-2002.11.8	トーゴ(3)、スリナム(*)、エジプト(3)
人種差別撤廃委員会	第60会期	2002.3.4-2002.3.22	アルバニア(*)、オーストリア(14)、ベルギー(11-13)、ボツワナ(*)、カボベルデ(*)、コスタリカ(16)、クロアチア(4-5)、デンマーク(15)、ジャマイカ(8-15)、リヒテンシュタイン(1)、リトアニア(1)、**パプアニューギニア(*)**、カタール(9-12)、モルドバ(1-4)、セント・ビンセント・グレナディーン(*)、**ソロモン諸島(*)**、スイス(2-3)、チュニジア(*)、**トルクメニスタン(*)**
	第61会期	2002.8.5-2002.8.23	アルメニア(3-4)、ボツワナ(6-14)、カナダ(13-14)、エストニア(5)、ハンガリー(14-17)、マリ(7-14)、**ニュージーランド(12-14)**、サウジアラビア(1-2)、セネガル(11-15)、ウガンダ(2-10)、イエメン(11-14)
子どもの権利委員会	第30会期	2002.5.20-2002.6.7	ベラルーシ(2)、ベルギー(2)、ギニア・ビサウ(1)、オランダ領アンティル諸島(1)、ニジェール(1)、スペイン(2)、スイス(1)、チュニジア(2)、セントビンセント・グレナディーン(1)、アラブ首長国連邦(2)
	第31会期	2002.9.16-2002.10.4	アルゼンチン(2)、ブルキナ・ファソ(2)、イスラエル(1)、ポーランド(2)、モルドバ(1)、セイシェル(1)、スーダン(2)、ウクライナ(2)、英国(1)
	第32会期	2003.1	チェコ(2)、エストニア(1)、ハイチ(1)、アイスランド(2)、イタリア(2)、**韓国(2)**、ルーマニア(2)、**ソロモン諸島(1)**、**ベトナム(1)**
女性差別撤廃委員会	第26会期	2002.1.14-2002.2.1	エストニア(1-3)、**フィジー(1)**、アイスランド(3-4)、ポルトガル(4)、ロシア(5)、**スリランカ(3-4)**、トリニダードトバゴ(2-3)、ウルグアイ(2-3)
	第27会期	2002.6.3-2002.6.21	ベルギー(3-4)、コスタリカ(1)、デンマーク(4)(5)、チュニジア(3-4)、ウクライナ(4-5)、ザンビア(3-4)
拷問禁止委員会	第28会期	2002.4.29-2002.5.17	デンマーク(4)、ルクセンブルグ(3)、ノルーウェイ(4)、ロシア(3)、サウジアラビア(1)、スウェーデン(4)、**ウズベキスタン(2)**、ベネズエラ(2)
	第29会期	2002.11.11-2002.11.22	ベルギー(1)、キプロス(3)、エジプト(4)、エストニア(1)、スロベニア(2)、スペイン(4)

注1●国連人権高等弁務官事務所のホームページより（2002年5月10日）。審理済みを含む。
注2●審議される（予定）国の太字はアジア・太平洋地域。
注3●審議される国の後の( )内は対象となる報告、(*)は報告書なしの審理。

表2● アジア・太平洋地域各国の人権条約批准状況（2002年2月28日現在）

		社会権規約	自由権規約	第一選択議定書	第二選択議定書	人種差別撤廃条約	アパルトヘイト禁止条約	アパルトヘイト・スポーツ禁止条約	ジェノサイド条約	戦争犯罪時効不適用条約	子どもの権利条約	選択議定書（武力紛争）*3	選択議定書（人身売買等）*3
	採択時期	66/12	66/12	66/12	89/12	65/12	73/11	85/12	48/12	68/11	89/11	00/5	00/5
	締約国数(193カ国中)	145	148	101	46	161	101	58	133	45	191	14	17
	アジア・太平洋地域内(42カ国中)の締約国数	21	19	11	4	27	14	5	26	7	42	4	3
東アジア	韓国	90/4	90/4a	90/4		78/12			50/10		91/11	s	s
	北朝鮮	81/9	81/9*1						89/1	84/11	90/9		
	中国*2	01/3	s			81/12	83/4	s	83/8		92/3		
	日本	79/6	79/6			95/12					94/4		
	モンゴル	74/11	74/11	91/4		69/8	75/8	87/12	67/1	69/5	90/7	s	s
東南アジア	インドネシア					99/6		93/7			90/9		
	カンボジア	92/5	92/5			83/11	81/7		50/10		92/10		
	シンガポール										95/10		
	タイ	99/9	96/10								92/3		
	フィリピン	74/6	86/10a	89/8		67/9	78/1	87/5	50/7	73/5	90/8	s	s
	ブルネイ										95/12		
	ベトナム	82/9	82/9			82/6	81/6		81/6	83/5	90/2	01/12	01/12
	マレーシア							s	94/12		95/2		
	ミャンマー(ビルマ)								56/3		91/7		
	ラオス	s	s			74/2	81/10		50/12	84/12	91/5		
南アジア	アフガニスタン	83/1	83/1			83/7	83/7		56/3	83/7	94/3		
	インド	79/4	79/4			68/12	77/9	90/9	59/8	71/1	92/12		
	スリランカ	80/6	80/6a	97/10		82/2	82/2		50/10		91/7	00/9	
	ネパール	91/5	91/5	91/5	98/3	71/1	77/7	89/3	69/1		90/9	s	s
	パキスタン						66/9	86/2	57/10		90/11	s	s
	バングラデシュ	98/10	00/9			79/6	85/2		98/10		90/8	00/9	00/9
	ブータン						s				90/8		
	モルジブ					84/4	84/4	s	84/4		91/2		
太平洋	オーストラリア	75/12	80/8a	91/9	90/10	75/9b			49/7		90/12		s
	キリバス										95/12		
	サモア										94/11		
	ソロモン諸島	82/3				82/3					95/4		
	ツバル										95/9		
	トンガ					72/2			72/2		95/11		
	ナウル		s	s		s					94/7	s	
	ニュージーランド	78/12	78/12a	89/5	90/2	72/11			78/12		93/4	01/11	s
	バヌアツ										93/7		
	パプアニューギニア					82/1			82/1		93/3		
	パラオ										95/8		
	フィジー					73/1			73/1		93/8		
	マーシャル諸島										93/10		
	ミクロネシア										93/5		
中央アジア	ウズベキスタン	95/9	95/9	95/9		95/9			99/9		94/6		
	カザフスタン					98/8			98/8		94/8	s	01/8
	キルギス	94/10	94/10	95/10		97/9	97/9		97/9		94/10		
	タジキスタン	99/1	99/1	99/1		95/1			93/10		93/10		
	トルクメニスタン	97/5	97/5	97/5	00/1	94/9					93/9		

*1 97年8月、北朝鮮は国連事務総長に対し規約の廃棄を通告したが、同規約には廃棄条項が設けられていないため、事務総長はすべての締約国による同意が得られないかぎり、そのような廃棄は不可能だという見解を出している。
*2 香港とマカオを含む。
*3 子どもの権利条約選択議定書の正式名称は、「武力紛争への子どもの関与に関する子どもの権利条約の選択議定書」と「子どもの売買、子どもの売買春および子どもポルノグラフィに関する子どもの権利条約の選択議定書」。

国連人権高等弁務官事務所HP（http://www.unhchr.ch/）より

女性差別撤廃条約	女性差別撤廃条約選択議定書	女性の参政権条約	既婚女性の国籍条約	結婚最低年齢に関する条約	拷問等禁止条約	改正奴隷条約※	奴隷制廃止補足条約	人身売買等禁止条約	無国籍者の地位に関する条約	無国籍者削減に関する条約	難民条約	難民議定書	移住労働者権利条約	合計
79/12	99/10	52/12	57/01	62/11	84/12	53/12	56/09	49/12	61/08	54/09	51/07	67/01	90/12	
168	30	115	70	49	128	95	119	74	26	54	140	138	19	2,385
33	4	22	8	7	18	16	18	12	2	4	16	16	3	362
84/12		59/6			95/1			62/2			62/8	92/12	92/12	13
01/2														6
80/11					88/10						82/9	82/9		9
85/6		55/7			99/6c		58/5				81/10	82/1		10
81/7	s	65/8		91/6	02/01	68/12	68/12							15
84/9	s	58/12			98/10									6
92/10	s				92/10		57/6				92/10	92/10		11
95/10			66/3				72/3	66/10						6
85/8	00/6	54/11												6
81/8	s	57/9		65/1	86/6	55/7	64/11	52/9		s	81/7	81/7	95/7	19
														1
82/2														10
95/7		59/2					57/11							5
97/7		s			57/4		s							4
81/8		69/1					57/9	78/4						9
s		66/11			87/4	54/8	66/11	85/5						12
93/7		61/11	s		s	54/3	60/6	53/1						13
81/10		58/5	s		94/1	58/3	58/3	58/4					96/3	15
91/4	s	66/4			91/5	63/1	63/1							14
96/3		54/12	s			55/9	58/3	52/7						9
84/11	00/9	98/10		98/10	98/10	85/1	85/2	85/1					s	16
81/8														2
93/7														5
83/7		74/12	61/3		89/8c	53/12	58/1		73/12	73/12	54/1	73/12		17
									83/11	83/11				3
92/9				64/8							88/9	94/11		5
		81/9				81/9	81/9				95/2	95/4		8
99/10											86/3	86/3		4
														3
					s									1
85/1	00/9	68/5	58/12	64/6	89/12c	53/12	62/4				60/6	73/8		18
95/9														2
95/1		82/1			82/1						86/7	86/7		8
														1
95/8		72/6	72/6	71/7		72/6	72/6		72/6		72/6	72/6		12
														1
														1
95/7		97/9			95/9									9
98/8	01/8	00/3	00/3		98/8						99/1	99/1		11
97/2		97/2	97/2		97/9	97/9	97/9	97/9			96/10	96/10		17
93/10	s	99/6			95/1			01/10			93/12	93/12	02/1	12
97/5		99/10			99/6	97/5	97/5				98/3	98/3		13

※奴隷条約、奴隷条約改訂議定書、改正奴隷条約は実質的に同じものと見なした。批准（加入）の時期は国連事務総長に批准書もしくは加入書が寄託された年月による。

a:自由権規約第41条に基づく、人権侵害に対する他国による申立ての審査についての規約人権委員会の権限の受理、b:人種差別撤廃条約第14条に基づく、人権侵害に対する他国による申立ての審査についての人種差別撤廃委員会の権限の受理、c:拷問等禁止条約第21条（委員会の締約国義務不履行の検討）、第22条（個人通報と委員会の権限）に基づく、委員会の権限の受理、s:署名のみ

● 国連の動向とアジア・太平洋地域の人権

Reporting Status of Asia-Pacific Countries by the Treaty Bodies in 2001

条約委員会による2001年のアジア・太平洋地域国別人権状況審査

1.条約委員会の概要

　主要人権条約には締約国の履行を監視するために、それぞれ委員会が設置されている。手続など詳細は異なるが、いずれの委員会も、締約国がそれぞれの条約を実施するためにとった措置、条約の権利の実現状況などについて行う報告を審査する。報告審査は、通常政府代表に対する「建設的対話」に向けた質疑応答を中心として行われる。審査には国連専門機関、NGOがレポート提出を通じた参加を認められることもある。審査後、委員会は総括所見を採択し、当該国に送付するとともに内容を公表する。

　また、条約により、個人通報制度を設けている条約について、その条約の委員会が通報を受理、非公開で検討後その見解を採択、それを公表し、関係国に送付する。

(1) 社会権規約委員会

　経済的、社会的および文化的権利に関する国際規約の履行監視は当初、経済社会理事会の会期内作業部会が行っていたが、報告制度の活性化を図るため、1985年同理事会決議1985/17により、18名の個人資格の専門家で構成する社会権規約委員会が設置され、1987年より活動を開始した（ここに挙げる委員会のなかで唯一条約に根拠を持たない機関である）。

　第16条に基づく報告は、発効後2年以内に、2回目以降は5年ごとに提出することになっている。報告審査は通常年2回、各3週間の会期で行われる。事前に5名の委員からなる非公式な会期前作業部会において、審査予定国に送付するための質問リストが作成される。

(2) 自由権規約委員会

　市民的および政治的権利に関する国際規約（自由権規約）第28条により設置。18名の個人資格の専門家から構成される。

　締約国は、規約第40条第1項により条約発効後1年以内に報告を提出する義務を課されている。1981年以来、1回目の報告後、5年ごとに報告を提出するものとされている。

　各会期の直前5日前には、報告書審査のための質問リスト作成と、第1選択議定書に基づく個人通報について2つの作業部会が開かれている。通常年3会期、各3週間開かれている。

(3) 人種差別撤廃委員会

あらゆる形態の人種差別撤廃に関する国際条約（人種差別撤廃条約）第8条により設置。18名の個人資格の専門家から構成される。

第9条は報告の提出について、条約発効後1年以内に、その後は2年ごとに、かつ委員会が要請するときにはいつでも国連事務総長に提出すると定めるが、現在では包括的報告書を4年ごとに、その中間年に追加報告書を提出することになっている。第14条に基づく個人通報、第11条に基づく国家間通報も当該委員会が受理する。通常年2会期開かれている。

(4) 子どもの権利委員会

子どもの権利条約第43条により設置。10名の個人専門家から構成される。

締約国は、条約第44条第1項により、条約発効後2年以内に第1報告、その後は5年ごとに報告書を提出する。また委員会は追加情報の提出を要請できる（同条第4項）。現在、年3会期、各3週間開かれている。

会期の直後に次期会期で審査される報告書のための質問リスト作成のため会期前作業部会が5日間開催されている。

(5) 女性差別撤廃委員会

女性に対するあらゆる形態の差別の撤廃に関する条約（女性差別撤廃条約）第17条により設置、23名の個人専門家から構成される。

締約国は、条約発効後1年以内に第1報告、その後少なくとも4年ごと、および委員が求めるときに報告書を提出することになっている（第18条）。条約第20条は、同委員会が2週間を超えない範囲で会合を持つことを規定しているが、締約国数が多く報告書を十分に検討できないため、委員会は第20条の改正を求めており、現在は暫定的に年2会期が開かれている（一般的意見22）。

会期前作業部会は、99年から前回会合の終了直後に開かれ、そこで作成された質問リストに対する回答を定期報告書審査前に書面で提出するように締約国に求めている（個人通報と当該国訪問を含む調査を規定した選択議定書が2000年12月に発効している）。

(6) 拷問禁止委員会

拷問およびその他の残虐なもしくは品位を傷つける取扱いまたは刑罰を禁止する条約（拷問等禁止条約）第17条により設置、10名の個人専門家から構成される。

締約国は、条約発効後1年以内に第1報告書を提出、その後は4年ごとに新しくとった措置に関する追加報告および委員会が要請する他の報告を提出することになっている（第19条第1項）。第20条では委員会による調査制度が規定されている。

現在、年2会期開かれている。

2. 国別の審査・報告書提出状況

ICESCR：社会権規約、ICCPR：自由権

規約、CERD：人種差別撤廃条約、CRC：子どもの権利条約、CEDAW：女性差別撤廃条約、CAT：拷問等禁止条約

《東アジア》
韓国（未批准：なし）
(1) ICESCR（90年7月10日発効）　第2回報告（E/1990/6/Add.23）は99年7月1日に提出され、第25会期（2001年4月）にて審査された。

　総括所見（E/C.12/1/Add.59）にてとくに懸念事項とされた概要は以下のとおり。①経済危機の克服や経済再建のために行われた国際金融機関との交渉において、規約の下の義務が考慮されなかったこと、マクロ経済に過度に依存した政策により、経済的、社会的、文化的権利の享受への深刻な悪影響があったこと。②急激な経済開発が、経済的、社会的、文化的権利を保障する努力を伴っていないこと。③規約の下の諸権利を法律に規定する努力が、前回の審査以降適切になされていないこと。国内法における規約の優位性が確定されていないこと。また国内裁判所での規約の援用可能性が明確でなく、判例も確立されていないこと。④男児優遇や法律による家父長制の規定、男女間の大きな賃金格差などの根強い問題があり、女性が依然平等な地位を保障されていないこと。⑤低賃金かつ保障も限られた「非正規労働者」の待遇が不明確であること、その多くが女性であること。⑥教員の団体交渉権や争議権がまだ認められていないこと。⑦労働争議行為を規律する法律の内容が不透明で、争議行為の合法性の決定に関し当局に与えられた裁量が大きいこと。また最近の労働争議行為に対し、警察による過度の強制力が用いられたこと。⑧基本生活保護法の制定などの貧困層への支援計画の実効性に疑問があること。⑨国家保安法が、知識人や芸術家の活動を規制するために用いられており、作品の検閲、没収、破壊のみならず、刑事訴追もなされていること。

　第3回報告の期限は2006年6月30日。
(2) ICCPR（90年7月10日発効）、ICCPR第1選択議定書（90年7月10日発効）　第3回報告の期限は2003年10月31日。
(3) CERD（79年1月4日発効）　第11回、第12回報告（期限：2002年1月4日）は未提出。
(4) CRC（91年12月20日発効）　第2回報告（CRC/C/79/Add.14）は2000年5月1日に提出され、第32会期（2003年1月）にて審査予定。第3回報告の期限は2003年12月19日。
(5) CEDAW（85年1月26日発効）　第5回報告（期限：2002年1月26日）は未提出。
(6) CAT（95年2月8日発効）　第2回報告（期限：2000年2月7日）は未提出。

朝鮮民主主義人民共和国（未批准：ICCPR第1選択議定書、CERD、CAT）
(1) ICESCR（81年12月14日発効）　第2回、第3回報告（期限：97年6月30日）は未提出。
(2) ICCPR（81年12月14日発効）　第2回報告（CCPR/PRK/2000/2）は2000年3月20日に提出され、第72会期（2001

年7月)にて審査された。

　総括所見(CCPR/CO/72/PRK)にてとくに懸念事項とされた概要は以下のとおり。①憲法第162条の下では中央裁判所が最高人民会議に対して責任を負うとされていることや、刑法第129条で「不当な判決」を行った裁判官に刑事責任を科していることなど、憲法や法律の規定が司法の公正と独立を著しく損なっていること。またこのような規定は、規約が保障する人権の保護に有害な影響を与えること。②国内法秩序における規約の位置が不明確であること。③死刑を執行したとして報告に記載されている5件の事例のうち4件が本質的には政治犯罪であること、また刑法では政治犯罪を非常に広く規定しているため死刑が主観的な基準によって科されており、規約第6条第2項の「最も深刻な犯罪」には限定されていないこと。公開処刑が行われていること。④刑法第10条は、刑法で規定していない犯罪については刑法の類似の規定を援用して刑を科すとしており、罪刑法定主義に反すること。⑤法執行官による拘禁中の虐待に関する一貫した具体的な申立があること。⑥労働法の第2章が、強制労働を禁止している規約第8条第1項と合致しないと考えられること。⑦国民の国内旅行に必要とされる「旅行証明」が規約第12条第1項に反すること。また出入国管理法の下の海外渡航に関する行政許可や、国内居住外国人の出国ビザの規定が、同条第2項に反すること。⑧外国人の追放に関する法も正式な手続も存在しないこと。⑨報道関係法のさまざまな規定が、規約第19条の規定とは一致しないこと。「国家の安全への脅威」という概念が、表現の自由を制限するような方法で用いられていること。⑩公開の会合やデモ行為への規制があること。

　また主な勧告の内容は以下のとおり。①規約の地位についての情報を次回の報告に含めること。また国内裁判所で規約が実際に援用された判決の数とその内容についても、正確な情報を提供すること。②国際人権機関やその他の国際団体に、つねに要請に応じて入国を認め、人権の保護促進に不可欠な情報へのアクセスを確保すること。③規約第6条第2項に従って、政治犯罪に関する刑法の条項を修正すること。公開処刑をやめること。④刑法第10条を廃止すること。⑤規約第8条に抵触する労働法の条項を修正すること。⑥「旅行証明」や行政許可、出国ビザの要件を原則として廃止すること。

　第3回報告の期限は2004年1月1日。
（3）CRC(90年10月21日発効)　第2回報告(期限：97年10月20日)は未提出。
（4）CEDAW(2001年3月29日発効)　第1回報告の期限は2003年3月29日。

中国（未批准：ICCPR〔98年10月5日に署名済み〕、ICCPR第1選択議定書）
（1）ICESCR(2001年6月27日発効)　第1回報告の期限は2002年6月30日。
（2）CERD(82年1月28日発効)　第8回・第9回報告(CERD/C/357/Add.4)が2000年10月3日に提出され、第59会期(2001年8月)にて審査された。

　総括所見(A/56/18, paras. 231-255)

にてとくに懸念事項とされた概要は以下のとおり。①刑法第149条および第250条はあらゆる団体や個人による「国民的敵意や差別意識の扇動」を禁止しているが、実際の深刻な状況や影響を伴うことを禁止の要件としていることは、条約に合致しないこと。②少数民族地域では、経済発展が事実上の経済的、社会的、文化的権利の平等な享受を伴うものとなっていないこと、また宗教の自由が十分認められていない地域もあること。③庇護申請者の扱いに関し、インドシナ難民と、その他の国の出身者とでは、異なる基準が適用されていること。とくに報告によれば、朝鮮民主主義人民共和国からの庇護申請者は、UNHCRが難民とするような場合でも、組織的に庇護を拒否され送還されていること。④香港特別行政区では、個人や集団、組織による人種差別から個人を保護する法律の規定がないままであること。

　また、主な勧告の内容は以下のとおり。①すべての難民と庇護申請者の平等な扱いを確保し、法律あるいは行政規則により、難民認定の客観的な基準を正式に定めること。②人種、肌の色、門地、民族的出自に基づく差別を禁止し、法的救済を与えるための適切な立法を行うこと。③条約違反に関する裁判例についての詳細な情報を、香港とマカオのものも含め、補償の内容もあわせて次回の報告に含めること。

　第10回報告の期限は2003年1月28日。
（3）CRC（92年4月1日発効）　第2回報告（期限：99年3月31日）は未提出。
（4）CEDAW（81年9月3日発効）　第5回報告（期限：98年9月3日）は未提出。第6回報告の期限は2002年9月3日。
（5）CAT（88年11月3日発効）　第4回報告（期限：2001年11月2日）は未提出。

日本（未批准：ICCPR第1選択議定書）
（1）ICESCR（79年9月21日発効）　第2回報告（E/1990/6/Add.21）は98年8月28日に提出され、第26特別会期（2001年8月）にて審査された（総括所見は本書137頁参照）。
（2）ICCPR（79年9月21日発効）　第5回報告の期限は2002年10月31日。
（3）CERD（96年1月14日発効）　第1回・第2回報告（CERD/C/350/Add.2）は2000年1月13日に提出され、第58会期（2001年3月）にて審査された（総括所見は『人権レビュー2001』195頁参照）。第3回報告の期限は2003年1月14日。
（4）CRC（94年5月22日発効）　第2回報告（CRC/C/104/Add.1）は2001年11月15日に提出された。
（5）CEDAW（85年7月25日発効）　第5回報告の期限は2002年7月25日。
（6）CAT（99年7月29日発効）　第1回報告（期限：2000年7月29日）は未提出。

モンゴル（未批准：CAT）
（1）ICESCR（76年1月3日発効）　第4回報告の期限は2003年6月30日。
（2）ICCPR（76年3月23日発効）、ICCPR第1選択議定書（91年7月16日発効）　第5回報告の期限は2003年3月31日。
（3）CERD（69年9月5日発効）　第16回、第17回報告（期限：2000年9月5日）は未

提出。
(4) CRC（90年9月2日発効） 第2回報告（期限：97年9月1日）は未提出。
(5) CEDAW（81年9月3日発効） 第3回・第4回の合併報告が98年12月8日に提出され、第24会期（2001年1月）にて審査された。

　総括所見（A/56/38, paras. 234-278）にてとくに懸念事項とされた概要は以下のとおり。①経済体制の転換期にあって、女性の置かれた状況が悪化し続けていること。②憲法では、直接的・間接的差別の両方を禁じている条約第1条の差別の定義が反映されておらず、また権利を侵害された女性への救済についても規定されていないこと。③女性の教育水準は高くなったが、国や地方レベルでの立法機関や行政の政策決定職における女性の数に反映されていないこと。④法律や政策などが、女性に対する暴力の問題を適切に取り上げていないこと。⑤売買春や女性の人身売買の撤廃に関する措置が進展していないこと。⑥女性の失業率が高いこと。⑦安全性を欠いた状態で行われる中絶手術を原因とする母親の死亡率が深刻な問題となっていること。

　第5回報告（期限：98年9月3日）は未提出。

参考〉香港（中国）
(1) ICESCR　中国による第1回報告（E/1990/5/Add.43）は99年7月4日に提出され、第25会期（2001年4〜5月）にて審査された。

　総括所見（E/C.12/1/Add.58）にてとくに懸念事項とされた概要は以下のとおり。①本規約にはICCPRと同等の地位が与えられていないこと、私人間での人種差別を禁止していないこと、国内人権機関を設置していないこと、および子どもを虐待から保護する政策がとられていないこと。②高等裁判所のいくつかの判決において、規約の地位を「漸進的」なもの、あるいは「理想を規定した」ものであると述べているが、これらは規約の下の法的義務に関する誤解に基づくものであること。③大量の人々がひどく貧しい状況にあること。④貧困削減のための計画を策定し履行する適切な取決めがないこと。⑤児童虐待や青少年の自殺が増加していると報じられていること。⑥刑事責任が7歳で課されていること。⑦非常に劣悪な居住環境のなかで暮らしている人々が多いこと。⑧治安維持法が労働組合の活動を制限するために用いられるおそれがあること。

　第2回報告の期限は2004年6月30日。
(2) ICCPR　中国による第2回報告の期限は2003年10月31日。

〈参考〉マカオ（中国）
(1) ICCPR　中国による第1回報告（期限：2001年10月31日）は未提出。

《東南アジア》
インドネシア（未批准：ICESCR、ICCPR、ICCPR第1選択議定書）
(1) CERD（99年7月25日発効） 第1回報告（CRC/C/65/Add.23）は2002年2月5日に提出され、第35会期（2004年1月）にて審査予定。

(2) CRC(90年10月5日発効)　第2回報告(期限:97年10月4日)は未提出。
(3) CEDAW(84年10月13日発効)　第4回、第5回報告(期限:2001年10月13日)は未提出。
(4) CAT(98年11月27日発効)　第1回報告(CAT/C/47/Add.3)は2001年2月7日に提出され、第27会期(2001年11月)にて審査された。

総括所見(CAT/C/XXVII/Concl.3)にてとくに懸念事項とされた概要は以下のとおり。①警察、とくに機動隊や軍隊、民兵集団などによる、アチェ、パプア、マルク等の紛争地域における拷問や虐待の申立があること。②捜査目的やデモ隊に対する過度の武力が用いられているとの申立があること。③拷問や虐待を行っている民兵集団は、一部の軍隊によって支援されており、時には軍人も加わっていると報られていること。④レイプやその他の形態の性暴力が拷問や虐待の手段として頻繁に用いられているとの申立があること。⑤拷問やその他の虐待の後遺症に非常に多くの人が苦しんでいること。⑥拷問や虐待を計画・指令したり実際に行ったと申し立てられている軍や警察その他の国家公務員、とくに上官に対する裁判手続がほとんど進展していないことも一因となって、不処罰の傾向が存在すること。⑦当局に報告された拷問の申立についての迅速で公正かつ十分な捜査および行為者の起訴が行われていないこと。⑧国内人権委員会(Komnas-HAM)の独立性と公平性が十分に保障されておらず、このことが、起訴前の独自の権限による初期捜査等の任務を遂行する妨げになっていること。調査手続の開始や起訴の決定権限は検事総長にあり、人権委員会が従属的な立場にあること。⑨刑法が、拷問の罪を条約の第1条に合致した用語で適切に定義していないこと。その結果、条約第4条第2項で求めるように、拷問を適切に処罰することができないこと。⑩提案段階の東ティモールに関する特別人権裁判所の権限に、地理的および時間的制限があること。⑪拷問の被害者や証人への適切な保護に欠けていること。⑫警察による拘禁の期間が長く、人身の自由を奪われた人に認められている権利を適切に保護していないこと。

第2回報告の期限は2003年11月27日。

カンボジア(未批准:ICCPR第1選択議定書)

(1) ICESCR(92年8月26日発効)　第1回、第2回報告(期限:99年6月30日)は未提出。
(2) ICCPR(92年8月26日発効)　第2回報告の期限は2002年7月31日。
(3) CERD(86年12月28日発効)　第8回、第9回報告(期限:2000年12月28日)は未提出。
(4) CRC(92年11月14日発効)　第2回報告(期限:99年11月13日)は未提出。
(5) CEDAW(92年11月14日発効)　第1回~第3回報告(期限:2001年11月14日)は未提出。
(6) CAT(92年11月14日発効)　第1回~第3回報告(期限:2001年11月13日)は未提出。

シンガポール（未批准：ICESCR、ICCPR、ICCPR第1選択議定書、CERD、CAT）

（1）CRC（95年11月4日発効）　第1回報告（期限：97年11月3日）は未提出。
（2）CEDAW（95年11月5日発効）　第1回報告（CEDAW/C/SGP/1）が99年12月1日に、第2回報告（CEDAW/C/SGP/2）が2001年4月16日にそれぞれ提出され、第25会期（2001年7月）にてあわせて審査された。

総括所見（A/56/38, paras.54-96）の勧告の概要は以下のとおり。①家父長的な社会によって、性別役割に対する偏見や女性に対する差別が持続していること。②男女間の賃金格差があること。③政策決定レベルにおける女性の数が少ないこと。④女子医学生の最大割当数が設定されていること。

また主な勧告の内容は以下のとおり。①宗教法を条約に合致させるための修正を行うこと、留保の撤回を念頭に置いて、同様な法制度を有する他の国における法改革を研究すること。②労働法を改正し、第11条に付した留保を撤回すること。③国籍法をさらに修正し、女性に対する差別を取り除き、第9条に付した留保を撤回すること。④公的・民間双方の雇用部門で、同等な価値の仕事に対する平等賃金の概念に基づいて状況の見直しを行い、公的部門においては必要な改善を行うこと。⑤憲法により保障されている平等権の侵害についての申立受理手続を改善し、女性に対する差別についての申立を可能にすること。⑥女性の人身売買の実状を常時監視し、加担者を刑法で厳しく処罰すること。また人身売買に関する情報を次回報告に盛り込むこと。

第3回報告の期限は2004年11月4日。

タイ（未批准：ICCPR第1選択議定書、CERD、CAT）

（1）ICESCR（99年12月5日発効）　第1回報告の提出期限は2002年6月30日。
（2）ICCPR（97年1月29日発効）　第1回報告（期限：98年1月28日）は未提出。
（3）CRC（92年4月26日発効）　第2回報告（期限：99年4月25日）は未提出。
（4）CEDAW（85年9月8日発効）　第4回報告（期限：98年9月8日）は未提出。

フィリピン（未批准：なし）

（1）ICESCR（76年1月3日発効）　第2回報告は、第6～第9条については提出済（E/1984/7/Add.4）。第3回報告（期限：2000年6月30日）は未提出。
（2）ICCPR（87年1月23日発効）、ICCPR第1選択議定書（89年11月22日発効）　第2回、第3回報告（期限：98年1月22日）は未提出。
（3）CERD（69年1月4日発効）　第15回～第17回報告（期限：2002年1月4日）は未提出。
（4）CRC（90年9月20日発効）　第2回報告（期限：97年9月19日）は未提出。
（5）CEDAW（81年9月4日発効）　第5回報告（期限：98年9月4日）は未提出。
（6）CAT（87年6月26日発効）　第2回～第4回報告（期限：2000年6月25日）は未提出。

ブルネイ（未批准：ICESCR、ICCPR、ICCPR第1選択議定書、CERD、CEDAW、CAT）

（1）CRC（96年1月26日発効）　第1回報告（期限：98年1月25日）は未提出。

ベトナム（未批准：ICCPR第1選択議定書、CAT）

（1）ICESCR（82年12月24日発効）　第2回、第3回報告（期限：2000年6月30日）は未提出。

（2）ICCPR（82年12月24日発効）　第2回報告（CCPR/C/VNM/2001/2.2/Add.1）は2001年4月3日に提出され、第75会期（2002年7月）にて審査予定。第3回、第4回報告（期限：98年12月23日）は未提出。

（3）CERD（82年7月9日発効）　第6回～第9回報告（CERD/C/357/Add.2）が、2000年7月20日に提出され、第59会期（2001年7～8月）にて審査された。

総括所見（A/56/18, paras.408-428）にてとくに懸念事項とされた概要は以下のとおり。①刑法の第87条および報道活動に関する法の規定が、本条約第4条の規定には合致しないこと。②民族的少数者集団による宗教的自由の行使にあたっての差別に関して多くの報告があること。③先住民の居住地域への人口移動が、先住民集団の社会的、経済的および文化的権利の行使に否定的な影響を与えているとされること。

また主な勧告の内容は以下のとおり。①条約履行のための差別撤廃により特化した立法を行うこと。②民族的少数者、とくに山岳地帯の少数者に属する人々の権利の平等な保護を確保する努力を今後も続けること。③ベトナム国内にいるすべての難民の諸権利を保護すること。④民族的少数者による宗教的自由の行使についての追加的情報を委員会に提供すること。

第10回報告（期限：2001年7月9日）は未提出。

（4）CRC（90年9月2日発行）　第2回報告（CRC/C/65/Add.20）は2000年5月10日に提出され、第32会期（2003年1月）にて審査予定。第3回報告の期限は2002年9月1日。

（5）CEDAW（82年3月19日発効）　第3回・第4回報告があわせて2000年10月6日に提出され（CEDAW/C/VNM/3-4）、第25会期（2001年7月）にて審査された。

総括所見（A/56/38, paras.232-276）にてとくに懸念事項とされた点は以下のとおり。①両性の法的な平等を確保するための努力と実際の状況との間に、深刻な格差があること。②女性に対する暴力への法的その他の措置がとられておらず、夫婦間レイプの処罰も行っていないこと。さらに、児童への性的虐待への刑罰が軽いため、非常に多くの強制結婚や低年齢結婚があること。虐待が離婚の理由としては認められていないこと。③農村地域を中心に就学女児のドロップアウト率が高いこと。この率の増加は市場経済への移行に伴っており、女性と女児の教育に関するこれまでの成果が今後維持できない可能性があること。④若い未婚女性の中絶率が高いこ

と。女性の保健問題や避妊に関する偏った態度が根強いこと、HIV/AIDS、マラリア、結核患者が増加していること。⑤定年年齢の男女間の差異が女性の経済的福利に不利となっていること。

　また主な勧告の概要は以下のとおり。①社会における男女の役割についての伝統的な偏見を克服するための、教育やマスメディアによるキャンペーンなど広範な措置を早急にとること。②全分野のすべての政策決定段階における女性の数を増加させること。また本条約の第4条第1項に従った暫定的な特別措置の導入などにより、女性の地位向上のための努力を強化すること。③女性の地位向上のための現在の国家機関を強化すること。またこのような国家機関の能力の評価をつねに行い、必要な人的資源および財源を与えること。

　第5回報告(期限:99年3月19日)は未提出。

マレーシア(未批准:ICESCR、ICCPR、ICCPR第1選択議定書、CERD、CAT)
(1)CRC(95年3月19日発効)　第1回報告(期限:97年3月19日)は未提出。
(2)CEDAW(95年8月4日発効)　第1回、第2回報告(期限:2000年8月4日)は未提出。

ミャンマー(ビルマ)(未批准:ICESCR、ICCPR、ICCPR第1選択議定書、CERD、CAT)
(1)CRC(91年8月14日発効)　第2回報告(期限:98年8月13日)は未提出。
(2)CEDAW(97年8月21日発効)　第2回報告の期限は2002年8月21日。

ラオス(未批准:ICESCR〔2000年12月7日に署名済み〕、ICCPR〔2000年12月7日に署名済み〕、ICCPR第1選択議定書、CAT)
(1)CERD(74年3月24日発効)　第6回～第14回報告(期限:2001年3月24日)は未提出。
(2)CRC(91年6月7日発効)　第2回報告(期限:98年6月7日)は未提出。
(3)CEDAW(81年9月13日発効)　第1回～第5回報告(期限:98年9月13日)は未提出。

《南アジア》
アフガニスタン(未批准:ICCPR第1選択議定書、CEDAW〔80年8月14日に署名済み〕)
(1)ICESCR(83年4月24日発効)　第2回、第3回報告(期限:2000年6月30日)は未提出。
(2)ICCPR(83年4月24日発効)　第3回、第4回報告(期限:99年4月23日)は未提出。91年10月25日に提出された第2回報告(CCPR/C/57/Add.5)は審査日程未定。
(3)CERD(83年8月5日発効)　第2回～第9回報告(期限:2000年8月5日)は未提出。第10回報告の期限は2002年8月5日。
(4)CRC(94年4月27日発効)　第1回、第2回報告(期限:2001年4月26日)は未提出。
(5)CAT(87年6月26日発効)　第2回～第4回報告(期限:2000年6月25日)は未

提出。

インド（未批准：ICCPR第1選択議定書、CAT〔97年10月14日に署名済み〕）
（1）ICESCR（79年7月10日発効）　第2回～第4回報告（期限：2001年6月30日）は未提出。
（2）ICCPR（79年7月10日発効）　第4回報告（期限：2001年12月31日）は未提出。
（3）CERD（69年1月4日発効）　第15回～第17回報告（期限：2002年1月4日）は未提出。
（4）CRC（93年1月11日発効）　第2回報告（CRC/C/93/Add.5）が2001年12月10日に提出され、第35会期（2004年1月）にて審査予定。
（5）CEDAW（93年8月8日発効）　第2回報告（期限：98年8月8日）は未提出。第3回報告の期限は2002年8月8日。

スリランカ（未批准：なし）
（1）ICESCR（80年9月11日発効）　第2回報告、第3回報告（期限：2000年6月30日）は未提出。
（2）ICCPR（80年9月11日発効）、ICCPR第1選択議定書（98年1月3日発効）　第4回、第5回報告（期限：2001年9月10日）は未提出。
（3）CERD（82年3月20日発効）　第7回～第9回報告（CERD/C/357/Add.3）が2000年9月4日に提出され、第59会期（2001年8月）にて審査された。
　総括所見（A/56/18, paras.321-342）にてとくに懸念事項とされた概要は以下のとおり。①テロ防止法や非常事態規制法により市民的、政治的権利が制限されること、タミル人に対する差別的な適用がされていること、また1983年以降非常事態が断続的に宣言されていること。②農園労働者にとくに多いとされるインド系タミル人やその子孫には市民権が与えられておらず、差別されたり、諸権利の享受を妨げられていること。③ヴェッダと呼ばれる先住民の人々の状況。
　また主な勧告の内容は以下のとおり。①国の北部および西部の紛争地域にいる民間人や国内避難民に対し支援を行い、人道機関と協力すること。②人種差別に関連する申立に関し、徹底した公正な調査を行う加盟国の義務について想起すること、また今後も継続して、治安部隊や法執行官の間に人権文書や国際人道法についての知識を普及させること。
　第10回報告（期限：2001年3月20日）は未提出。
（4）CRC（91年8月11日発効）　第2回報告（CRC/C/70/Add.17）が2000年9月21日に提出され、第33会期（2003年5～6月）にて審査予定。
（5）CEDAW（81年11月4日発効）　第3回・第4回報告（CEDAW/C/LKA/3-4）が99年10月7日に提出され、第26会期（2002年1月）にて審査された。
（6）CAT（94年2月2日発効）　第2回報告（期限：99年2月1日）は未提出。

ネパール（未批准：なし）
（1）ICESCR（91年8月14日発効）　第1回報告（E/1990/5/Add.45）が99年10月25日に提出され、第26特別会期（2001

年8月)にて審査された。

　総括所見(E/C.12/1/Add.66)にてとくに懸念事項とされた概要は以下のとおり。①農村地域を中心に、ネパール国内が非常に貧しい状況であること。②遺産相続や家族関係において男女間の法律上の格差があること。また事実上の男女間の不平等も存在すること。③売買春を目的とした女性と女児の人身売買の件数が多いこと。④家庭内暴力に関する特定の立法がないこと。⑤法定最低賃金が適切な生活水準には不十分であること。⑥児童労働の件数が非常に多いこと。⑦人口の多くが安全な飲料水、保健サービス、衛生へのアクセスを持たないこと。⑧適切な補償や再定住措置を伴わない強制移住が行われていること。⑨1990年にネパールに到着したチベット人およびブータン人に対してしか難民認定をしておらず、またチベット人難民とブータン人難民の取扱いに格差があること。⑩中絶が無条件に違法で厳しい処罰を伴う犯罪とされていて、母体に危険がある場合やレイプによる場合であっても許されていないこと。その結果安全性を欠いた違法な中絶に起因する母体の死亡率が特に農村地域で高いこと。⑪商業目的の性交渉や女性と女児の人身売買、セックス・ツーリズムなどが原因でHIV/AIDS感染件数が非常に増加していること。⑫初等教育の義務教育化が未だ履行されていないこと。

　第2回報告の期限は2006年6月30日。(2)ICCPR(91年8月14日発効)、ICCPR第1選択議定書(91年8月14日発効)　第2回報告(期限:97年8月13日)は未提出。
(3)CERD(71年3月1日発効)　第15回、第16回報告(期限:2002年3月1日)は未提出。(4)CRC(90年10月14日発効)　第2回報告(97年10月13日)は未提出。第3回報告の期限は2002年10月13日。
(5)CEDAW(91年5月22日発効)　第2回、第3回報告(期限:2000年5月22日)は未提出。
(6)CAT(91年6月13日発効)　第2回、第3回報告(期限:2000年6月12日)は未提出。

パキスタン(未批准:ICESCR、ICCPR、ICCPR第1選択議定書、CAT)

(1)CERD(69年1月4日発効)　第15回～第17回報告(期限:2002年1月4日)は未提出。
(2)CRC(90年12月12日発効)　第2回報告(CRC/C/65/Add.20)が2001年1月19日に提出され、第33会期(2003年5月～6月)にて審査予定。
(3)CEDAW(96年4月11日発効)　第1回、第2回報告(期限:2001年4月11日)は未提出。

バングラデシュ(未批准:ICCPR第1選択議定書)

(1)ICESCR(99年1月5日発効)　第1回報告(期限:2000年6月30日)は未提出。
(2)ICCPR(2000年12月6日発効)　第1回報告(期限:2001年12月6日)は未提出。
(3)CERD(79年7月11日発効)　第7回～第11回報告(CERD/C/379/Add.1)が2000年3月1日に提出され、第58会期

(2001年3月)にて審査された。

総括所見(A/56/18, paras. 63-82)にてとくに懸念事項とされた概要は以下のとおり。①刑法において人種差別が単独には明示的に禁じられておらず、処罰も付されていないこと。②チッタゴン丘陵地帯に駐留する治安部隊による、恣意的逮捕や拘禁、虐待などの先住民への人権侵害が報じられていること。③難民キャンプの状況が非常に悪いこと。

また主な勧告の内容は以下のとおり。①人種差別行為の処罰規定を設けて国内法秩序において条約第4条に完全な効果を持たせ、被害者が効果的な保護と救済を得られるよう確保すること。②チッタゴン丘陵地帯和平合意の履行を進める努力を強化し、この合意の履行に関連する諸組織の任務などの情報を次回報告に含めること。③カーストも第1条の世系(descent)の範疇に含まれると考えるので、カーストを含むすべての集団による条約第5条に規定する権利の享受についての情報を、次回報告に含めること。

第12回報告の期限は2002年7月11日。

(4) CRC(90年9月2日発効)　第2回報告(CRC/C/65/Add.21)が2001年6月12日に提出され、第34会期(2003年9～10月)にて審査予定。第3回報告の期限は2002年9月1日。

(5) CEDAW(84年12月6日発効)　第5回報告(期限：2001年12月6日)は未提出。

(6) CAT(98年11月4日発効)　第1回報告(期限：99年11月4日)は未提出。

ブータン(未批准：ICESCR、ICCPR、ICCPR第1選択議定書、CERD〔73年3月26日署名済み〕、CAT)

(1) CRC(90年9月2日発効)　第1回報告(CRC/C/3/Add.60)が99年4月20日に提出され、第27会期(2001年5～6月)にて審査された。

総括所見(CRC/C/15/Add.157)にてとくに懸念事項とされた概要は以下のとおり。①社会的弱者の集団に属する子どもたちの権利の享受に格差があること。②出生登録が迅速にされないと、子どもたちの基本的権利と自由の完全な享受への否定的影響がありうること。③現行の市民権法では、ブータン国籍の母親とそうでない父親との間の子どもには帰化が必要とされていること。④ブータン南部に、家族と離散した子どもが取り残されていると思われること。⑤障害を持つ子どもには一般的に特別施設や教育への適切なアクセスがなく、家族への支援も不十分であること。⑥初等教育が無償とされていないこと。⑦軍隊への志願入隊年齢が15歳とされていること。⑧最低就業年齢、刑事責任の最低年齢が定められていないこと、少年審判に関する法案の迅速な採択に向けた努力が十分でないこと。

また主な勧告の内容は以下のとおり。①子どもの権利に関する法律を速やかに公布すること、既存の法律が条約の原則・規定と一致するよう確保し、包括的な児童福祉法の制定を検討すること。②本条約の国および地方レベルでの履行状況を監視し進展を評価するために、

国内機関の地位に関するパリ原則に従った独立の国内人権機関の設立につき検討すること。③法律の見直しを行い、子どもの定義と最低年齢の諸要件が、条約の原則と条項を満たすよう確保すること。④志願入隊年齢を18歳に引き上げること。

第2回報告（期限：97年9月1日）は未提出。

（2）CEDAW（81年9月30日発効）　第1回～第5回報告（期限：98年9月30日）は未提出。

モルジブ（未批准：ICESCR、ICCPR、ICCPR第1選択議定書、CAT）

（1）CERD（84年5月24日発効）　第5回～第8回報告（期限：99年5月24日）は未提出。

（2）CRC（91年3月13日発効）　第2回報告（期限：98年3月12日）は未提出。

（3）CEDAW（93年7月31日発効）　第1回報告（CEDAW/C/MDV/1）が99年1月28日に提出され、第24会期（2001年1月）にて審査された。

総括所見（A/56/38, paras.114-146）にてとくに懸念事項とされた概要は以下のとおり。①第4条第1項の下の暫定的特別措置を通して、高等教育や政策決定職への女性のアクセスを改善していないこと。②早婚や家庭内の役割のために女子のドロップアウト率が高くなっていること。③高い離婚率が女性にも子どもにも悪影響を与えていること。④成人女性の健康や栄養状態が悪いこと、および母親の罹病率や致死率、5歳以下の女児の致死率が依然高いこと。

また主な勧告の内容は以下のとおり。①現行憲法に性差別の禁止の条項を導入し、これを履行するための効果的な機関を設けること。②婚姻の最低年齢を設けること。

第2回報告（期限：98年7月31日）は未提出。第3回報告の期限は2002年7月31日。

《太平洋》

オーストラリア（未批准：なし）

（1）ICESCR（76年3月10日発効）　第4回報告の期限は2005年6月30日。

（2）ICCPR（80年11月13日発効）、ICCPR第1選択議定書（91年12月25日発効）　第5回報告の期限は2005年7月31日。

（3）CERD（75年10月30日発効、個人通報受託宣言）　第13回報告（期限：2000年10月30日）は未提出。第14回報告の期限は2002年10月30日。

（4）CRC（91年1月16日発効）　第2回報告（期限：98年1月15日）は未提出。

（5）CEDAW（83年8月27日発効）　第4回、第5回報告（期限：2000年8月27日）は未提出。

（6）CAT（89年9月7日発効、個人通報受託宣言）　第3回報告の期限は2004年11月6日。

キリバス（未批准：ICESCR、ICCPR、ICCPR第1選択議定書、CERD、CEDAW、CAT）

（1）CRC（96年1月10日発効）　第1回報告（期限：98年1月9日）は未提出。

サモア（未批准：ICESCR、ICCPR、ICCPR第1選択議定書、CERD、CAT）

(1) CRC（94年12月29日発効）　第1回報告（期限：96年12月28日）は未提出。
(2) CEDAW（92年10月25日発効）　第1回〜第3回報告（期限：2001年10月25日）は未提出。

ソロモン諸島（未批准：ICCPR、ICCPR第1選択議定書、CEDAW、CAT）

(1) ICESCR（82年3月17日発効）　第1回報告（E/1990/5/Add.50）が2001年7月2日に提出され、第29会期（2002年11月）にて審査予定。
(2) CERD（82年3月17日発効）　第2回〜第10回報告（期限：2001年4月16日）は未提出。
(3) CRC（95年5月9日発効）　第1回報告（CRC/C/51/Add.6）が2001年2月27日に提出され、第32会期（2003年1月）にて審査予定。

ツバル（未批准：ICESCR、ICCPR、ICCPR第1選択議定書、CERD、CAT）

(1) CRC（95年10月22日発効）　第1回報告（期限：97年12月21日）は未提出。
(2) CEDAW（99年11月5日発効）　第1回報告（期限：2000年11月6日）は未提出。

トンガ（未批准：ICESCR、ICCPR、ICCPR第1選択議定書、CEDAW、CAT）

(1) CERD（72年3月17日発効）　第15回報告（期限：2001年3月17日）は未提出。
(2) CRC（95年12月6日発効）　第1回報告（期限：97年12月6日）は未提出。

ナウル（未批准：ICESCR、CEDAW。ICCPR、ICCPR第1選択議定書、CERD、CATについてはいずれも2001年11月12日に署名済み）

(1) CRC（94年8月26日発効）　第1回、第2回報告（期限：2001年8月25日）は未提出。

ニュージーランド（未批准：なし）

(1) ICESCR（79年3月28日発効）　第2回報告（E/1990/6/Add.33）が2001年8月30日に提出され、第30会期（2003年4月）にて審査予定。
(2) ICCPR（79年3月28日発効）、ICCPR第1選択議定書（89年8月26日発効）　第4回報告（CCPR/C/NZL/2001/4）は2001年3月7日に提出され、第75会期（2002年7月）にて審査予定。第5回報告（期限：2000年3月27日）は未提出。
(3) CERD（72年12月22日発効）　第12回〜第14回報告（CERD/C/362/Add.10）が2001年10月4日に提出され、第61会期（2002年8月）にて審査予定。第15回報告（期限：2001年12月22日）は未提出。
(4) CRC（93年5月6日発効）　第2回報告（CRC/C/93/Add.4）は2001年2月19日に提出され、第33会期（2003年5〜6月）にて審査予定。
(5) CEDAW（85年2月9日発効）　第5回報告（期限：2002年2月9日）は未提出。
(6) CAT（90年1月9日発効、個人通報受諾宣言）　第3回報告（期限：99年1月8

日)は未提出。

バヌアツ（未批准：ICESCR、ICCPR、ICCPR第1選択議定書、CERD、CAT）
（1）CRC（93年8月6日発効）　第2回報告（期限：2000年8月5日）は未提出。
（2）CEDAW（95年10月8日発効）　第1回、第2回報告（期限：2000年10月8日）は未提出。

パプアニューギニア（未批准：ICESCR、ICCPR、ICCPR第1選択議定書、CAT）
（1）CERD（82年2月26日発効）　第2回～第10回報告（期限：2001年2月26日）は未提出。
（2）CRC（93年3月31日発効）　第1回、第2回報告（期限：2000年3月31日）は未提出。
（3）CEDAW（95年2月11日発効）　第1回、第2回報告（期限：2000年2月11日）は未提出。

パラオ（未批准：ICESCR、ICCPR、ICCPR第1選択議定書、CERD、CEDAW、CAT）
（1）CRC（95年9月3日発効）　第1回報告（CRC/C/51/Add.3）が98年10月21日に提出され、第26会期（2001年1月）にて審査された。

総括所見（CRC/C/15/Add.149）にてとくに懸念事項とされた概要は以下のとおり。①条約の規定が国内法に担保されておらず、現在のところ裁判所で条約を援用することができないこと。②刑事責任が10歳で課されていること。承諾年齢および最低就業年齢を法律で定めていないこと。③弱者に属する子どもたちへの非差別の原則が適切に履行されていないこと。男女の婚姻最低年齢が異なること。④国際養子縁組を規制し、子どもの権利を保護するための立法や政策が不適切であること。⑤子どもに対する性的虐待の件数が増加していること、家庭内暴力や虐待についての意識が低いままであること。また虐待された児童への適切な支援が行われていないこと。⑥体罰が広く行われていること、またこれを禁じる国内法がないこと。⑦子どもを経済的搾取から保護する適切な労働法が制定されていないこと。

また主な勧告の内容は以下のとおり。①条約に直接適用力を与える国内法を制定すること。②子どもの権利の侵害についての申立を受理し救済を与える独立の監視機関を設置する努力を強化すること。③刑事責任を課す年齢を引き上げること。条約の原則と条項に合致した承諾年齢や就労最低年齢を導入し、18歳未満のすべての子どもにいっそうの保護を保障すること。④福祉計画向上のための母子家庭の必要性評価を行うこと、路上生活児童の状況調査を行い、基本的なサービスを提供するための制度をつくること。

第2回報告の提出期限は2002年9月2日。

フィジー（未批准：ICESCR、ICCPR、ICCPR第1選択議定書、CAT）
（1）CERD（73年1月11日発効）　第6回～第15回報告（期限：2002年1月11日）は未提出。

(2) CRC（93年9月12日発効）　第2回報告（期限：2000年9月11日）は未提出。
(3) CEDAW（95年9月27日発効）　第1回報告（CEDAW/C/FIJ/1）は2000年2月29日に提出され、第26会期（2002年1月）に審査された。第2回報告（期限：2000年9月27日）は未提出。

マーシャル諸島（未批准：ICESCR、ICCPR、ICCPR第1選択議定書、CERD、CEDAW、CAT）

(1) CRC（93年11月3日発効）　第2回報告（期限：2000年11月2日）は未提出。

ミクロネシア連邦（未批准：ICESCR、ICCPR、ICCPR第1選択議定書、CERD、CEDAW、CAT）

(1) CRC（93年6月4日発効）　第2回報告（期限：2000年6月3日）は未提出。

《中央アジア》
ウズベキスタン（未批准：なし）
(1) ICESCR（95年12月28日発効）　第1回報告（期限：97年6月30日）は未提出。
(2) ICCPR（95年12月28日発効）、ICCPR第1選択議定書（95年12月28日発効）　第1回報告（CCPR/C/UZB/99/1）は99年7月2日に提出され、第71会期（2001年3月）にて審査された。

総括所見（CCPR/CO/71/UZB）にてとくに懸念事項とされた概要は以下のとおり。①死刑執行された人の数とその根拠について明らかにしていないこと。②法執行官による拷問や虐待、権限濫用などが広く行われているという一貫した申立があること。③拷問やその他の虐待が自白を得るために使用され続けていること。④国内の拘禁施設および刑務施設の状況が極端に悪いこと。⑤逮捕時から最終判決まで、被疑者がずっと警察あるいは内務省の管理下に置かれること。⑥死刑や拷問、虐待のおそれのある国への個人の引渡しや追放を禁止していないこと。⑦司法の独立が欠如していること。⑧軍事裁判所が、非常に広い管轄権を有していること。⑨1,300人以上のタジク人が、身の回りの物も持たされず軍により強制移住させられていること。

第2回報告の期限は2004年4月1日。
(3) CERD（95年10月28日発効）　第3回報告（期限：2000年10月28日）は未提出。
(4) CRC（94年7月29日発効）　第1回報告（CRC/C/41/Add.8）が99年12月27日に提出され、第28会期（2001年9～10月）にて審査された。

総括所見（CRC/C/15/Add.167）にてとくに懸念事項とされた概要は以下のとおり。①子どもの問題を扱う政府機関がいくつかあるが、国および地方レベルでの調整や協力が欠けていること。②18歳を成人とする民法の規定と、その他の法律や政府決定における子どもの定義とが合致していないこと。最低年齢の基準が適切に執行されていないこと。③居住登録の制度が、実際には、弱者に属する子どもたちが保健や他の社会サービスなどを求める権利を制限している可能性があること。④民兵により18歳未満の子どもに対して虐待や精神的脅迫、体罰などが行われているという数多くの

報告があること、およびこれら拷問の申立の調査や行為者の起訴が十分に行われていないこと。⑤多くの、とくに障害を持つ子どもたちが捨てられたり家族から引き離されたりしていること、里親制度が十分発達しておらず、里親や養子縁組の審査に関する国の基準がないこと。子どもが引き取られた後の評価制度がないこと、また秘密養子縁組が行われていること。⑥乳児死亡率、5歳以下死亡率、母体死亡率のいずれも高く、また伝染病感染率も高いこと。⑦10代女児の妊娠件数およびそれに伴う中絶の件数が増加していること、また性病の件数も増加していること。⑧障害を持つ子どもの施設への収容や分離教育が行われていること、障害児の中絶が一般に行われていること。⑨経済状態の悪化やそれに伴う家族環境の悪化により、タシケントや他の都市の路上で生活する子どもが増えていること。

第2回報告(期限:2001年7月28日)は未提出。

(5)CEDAW(95年8月18日発効) 第1回報告(CEDAW/C/UZB/1)は2000年1月19日に提出され、第24会期(2001年1月)にて審査された。

総括所見(A/56/38, paras. 147-194)にてとくに懸念事項とされた概要は以下のとおり。①憲法や国内法にて規定が、条約第1条に合致した女性に対する差別の定義を取り入れていないこと。②男女間の法律上の平等を確保するための十分な措置をとっていないこと。③女性に対する暴力が多発していること。④女性の自殺率が高く、一夫多妻の事例が今もあること。⑤全女性の60％にあたる農村地域の女性が、保健サービスや教育へのアクセスを限られていること。

また主な勧告の内容は以下のとおり。①憲法および国内法に、条約第1条に合致した女性に対する差別の定義を盛り込むこと、男女の機会均等に関する包括的な法律を起草すること。②条約第4条第1項に従って暫定的特別措置を採用し、政府機関や国営企業の政策決定レベルにおける女性の数を増やすこと。③可能なかぎり早期に、夫婦間レイプを含む家庭内暴力を禁じる法を制定し、女性や女児に対する暴力を刑法上の罪とし、被害女性や女児が直ちに救済と保護を得られるよう確保すること。④高等教育を受ける女性の数の低下を防ぐための緊急の措置をとること。⑤基本的保健への無償のアクセスを維持し、家族計画および生殖に関する保健政策を向上させること。

第2回報告(期限:2000年8月18日)は未提出。

(6)CAT(95年10月28日発効) 第2回報告(CAT/C/53/Add.1)は2000年11月29日に提出され、第28会期(2002年4～5月)にて審査予定。

カザフスタン(未批准：ICESCR、ICCPR、ICCPR第1選択議定書)

(1)CERD(98年9月26日発効) 第1回報告(期限:2000年9月26日)は未提出。第2回報告の期限は2002年9月26日。

(2)CRC(94年9月11日発効) 第1回報告(CRC/C/41/Add.13)は2001年11月20日に提出され、第33会期(2003年5～

6月)にて審査予定。第2回報告(期限：2001年9月10日)は未提出。

(3)CEDAW(98年8月25日発効)　第1回報告(CEDAW/C/KAZ/1)は2000年1月26日に提出され、第24会期(2001年1月)にて審査された。

総括所見(A/56/38, paras.68-113)にてとくに懸念事項とされた概要は以下のとおり。①条約第1条に合致した女性に対する差別の定義が、憲法に規定されていないこと。②女性と女児に対する暴力、とくに家庭内暴力が多発していること。③就業・解雇の際の女性への差別や、女性の失業率が高いこと。④保健への無償のアクセスがすべての女性に行き届いていないこと。また中絶が出産管理の手段として用いられていること。

また主な勧告の内容は以下のとおり。①可能なかぎり早期に機会均等法案を採択し、条約第1条に合致した女性に対する差別の定義を盛り込むこと。②女性に対する暴力の問題を最優先事項とし、可能なかぎり早期に家庭内暴力に関する法律を施行して女性と女児に対する暴力を刑法上の罪とし、被害女性や女児が直ちに救済と保護を得られるよう確保すること。③適切な立法により労働市場の公的・民間の部門での男女の平等を確保し、男女間の賃金格差を縮めること。④貧しい女性に焦点を当てた貧困緩和プログラムを行うこと。

第2回報告の期限は2003年9月25日。

(4)CAT(98年9月25日発効)　第1回報告(CAT/C/47/Add.1)が2000年8月15日に提出され、第26会期(2001年4～5月)にて審査された。

総括所見(A/56/44, paras. 121-129)の勧告の概要は以下のとおり。①刑法の改正計画を早急に進め、条約第1条に規定されている定義に合致し、適切な刑罰を付した拷問の罪を刑法に含めること。②独立の申立受理制度を設置し、当局に報告された拷問の申立についての迅速、公正かつ十分な調査および行為者の起訴を確保するための、緊急かつ効果的な措置をとること。③拷問による証拠の無効の原則の絶対遵守を現場において確保すること。また拷問や虐待の結果得られたと思われる自白に基づく有罪判決の事件の再審理を行い、被害者に適切な補償を行うこと。④憲法や諸法令の見直しも含めた措置をとり、司法府の独立を確立し確保すること。⑤拘禁期間の初期の段階から弁護士による証拠収集を認める措置や、被拘禁者自身の要請に応じた医者の往診を確保するなどの諸措置の採択を進めること。⑥刑務所および未決勾留施設の状況を改善し、公正な監視機関による施設の調査を認める制度を設置すること。また、未決勾留期間の長期化を避ける措置をとること。⑦内務省から法務省への刑務所の所轄の移送を完了させ、刑務所システムの非軍事化を図ること。⑧条約第21条および第22条への宣言を行うこと。

キルギス(未批准：なし)

(1)ICESCR(94年10月7日発効)　第2回報告の提出期限は2005年6月30日。
(2)ICCPR(95年1月7日発効)、ICCPR第1選択議定書(95年1月7日発効)　第2回報告の提出期限は2004年7月31日。

(3)CERD（97年10月5日発効）　第2回報告（期限：2000年10月5日）は未提出。第3回報告の提出期限は2002年10月5日。
(4)CRC（94年11月6日発効）　第2回報告（期限：2001年11月5日）は未提出。
(5)CEDAW（97年3月11日発効）　第2回報告（期限：2002年3月12日）は未提出。
(6)CAT（97年10月5日発効）　第2回報告の期限は2002年10月4日。

タジキスタン（未批准：なし）
(1)ICESCR（99年4月4日発効）　第1回報告（期限：2001年6月30日）は未提出。
(2)ICCPR（99年4月4日発効）、ICCPR第1選択議定書（99年4月4日発効）　第1回報告（期限：2000年4月3日）は未提出。
(3)CERD（95年2月10日発効）　第1回〜第3回報告（期限：2000年2月10日）は未提出。
(4)CRC（93年11月25日発効）　第2回報告（期限：2000年11月24日）は未提出。
(5)CEDAW（93年11月25日発効）　第1回、第2回報告（期限：98年10月25日）は未提出。
(6)CAT（95年2月10日発効）　第1回、第2回報告（期限：2000年2月9日）は未提出。

トルクメニスタン（未批准：なし）
(1)ICESCR（97年8月1日発効）　第1回報告（期限：99年6月30日）は未提出。
(2)ICCPR（97年8月1日発効）、ICCPR第1選択議定書（97年8月1日発効）　第1回報告（期限：98年7月31日）は未提出。
(3)CERD（94年10月29日発効）　第1回〜第4回報告（期限：2001年10月29日）は未提出。
(4)CRC（93年10月19日発効）　第1回、第2回報告（期限：2000年10月19日）は未提出。
(5)CEDAW（97年5月30日発効）　第1回報告（期限：98年5月31日）は未提出。
(6)CAT（99年7月25日発効）　第1回報告（期限：2000年7月25日）は未提出。

※ICCPRの第2選択議定書については、ネパール、オーストラリア、ニュージーランド、トルクメニスタンを除いた国は未批准。CEDAWの選択議定書については、タイ、バングラデシュ、ニュージーランド、カザフスタンを除いた国は未批准。

（岩谷暢子／神戸大学大学院国際協力研究科博士課程）

●国連の動向とアジア・太平洋地域の人権

Views on Individual Communication Issued by the Treaty Bodies for 2001

条約委員会による個人通報に関する見解

　主要人権条約のなかには、条約の規定する権利を侵害された被害者である個人が、直接条約委員会に侵害について条約違反を問う申立を行う制度を有するものがある。これが個人通報制度であり、締約国が権利の実現状況などについて定期的に報告を提出する報告制度と並ぶ、人権条約の実施措置のひとつである。

　報告制度が全締約国に課される義務であることに対し、個人通報制度は別途選択議定書の批准か受諾宣言を行った国のみ適用される。つまり、個人通報制度を受け入れた国の領域内にいる個人が、この制度を利用することができる。現在この制度を有しているのは、自由権規約（第1選択議定書）、人種差別撤廃条約（第14条）、拷問等禁止条約（第22条）および女性差別撤廃条約である（女性差別撤廃条約の個人通報制度を規定する選択議定書は2000年に発効し、まだ見解は公表されていない）。ちなみに、日本はいずれの条約についても個人通報制度は受け入れていない。

　委員会は申立について、まず条約の権利に関する訴えであるか、国内で利用できる救済手続を全部利用し尽くしているかどうか、明白に根拠がないかどうかなどの受理可能性について審議する。受理可能と判断された申立は、本案について審議され、締約国の違反があったかどうか認定される。審議は非公開で行われるが、委員会の判断は「見解」として申立人と当事国に通報され、一般にも公表される。

　以下は、各条約委員会が2001年度に公表した見解のうち、受理されたものである（2001-2002.2.25公表）。ゴチック表示が対象国と通報番号。以下、①文書番号と採択日、②申立内容、③違反条項（違反なしの場合は申立条項）、④結果の順に表示。

1. 人種差別撤廃委員会

　6件のうち2件を受理、本案について審議。

オランダ No.15/1999
①CERD/C/58/D/15/1999, A/56/18 Annex p.116 (21 Mar. 2001)
②スリナム系市民の警察学校からの退学、差別的待遇
③2条、5条、6条、7条
④違反なし

スロバキア No.11/1998
①CERD/C/59/D/11/1998, A/56/18

Annex p.130 (9 Aug. 2001)
②ロマ人のレストラン入店拒否
③6条
④違反なし。公共の場へのアクセスを保障し、差別禁止の立法を行うことを勧告。

2.拷問禁止委員会

　12件のうち11件を受理、本案について審議。

スイス No.144/1999
①CAT/C/25/D/144/1998, A/56/44 Annex p.161 (14 Nov. 2000)
②チャド人、送還による3条違反申立
③3条
④違反なし

スイス No.147/1999
①CAT/C/26/D/147/1999, A/56/44 Annex p.166 (14 Nov. 2000)
②PSK党支持のクルド系トルコ人、送還による3条違反申立
③3条
④違反なし

スウェーデン No.149/1999
①CAT/C/25/D/149/1999, A/56/44 Annex p.173 (24 Nov. 2000)
②本国で死刑判決を受けていると申し立てたスウェーデン在住イラン人、送還による3条違反申立
③3条
④違反認定

スイス No.122/1998
①CAT/C/25/D/122/1998, A/56/44 Annex p.124 (24 Nov. 2000)
②本国で野党議員のスイス在住バングラデシュ人、送還による3条違反申立
③3条
④違反なし

オランダ No.134/1999
①CAT/C/26/D/134/1999, A/56/44 Annex p.147 (9 May 2001)
②クルド系トルコ人、送還による3条違反申立
③3条
④違反なし

ユーゴスラビア No.113/1998
①CAT/C/26/D/113/1998, A/56/44 Annex p.115 (11 May 2001)
②警察による拷問死、警察司法当局による迅速、適切な捜査が行われなかったことについて
③12条、13条
④違反認定

スェーデン No.150/1999
①CAT/C/26/D/150/1999, A/56/44 Annex p.187 (11 May 2001)
②イラン人、送還による3条違反申立
③3条
④違反なし

オランダ No.142/1999
①CAT/C/26/D/142/1999, A/56/44 Annex p.153 (11 May 2001)
②タミル系スリランカ人一家、送還による

3条違反申立
③3条
④違反なし

スイス No.128/1999
①CAT/C/26/D/128/1999, A/56/44 Annex p.138 (15 May 2001)
②「KDP-イラク」所属のクルド系シリア人、送還による3条違反申立
③3条
④違反なし

カナダ No.49/1996
①CAT/C/26/D/49/1996, A/56/44 Annex p.102 (15 May 2001)
②タミル系スリランカ人一家、送還による3条、16条違反申立
③3条、16条
④違反なし

カナダ No.123/1998
①CAT/C/26/D/123/1998, A/56/44 Annex p.129 (15 May 2001)
②麻薬法違反によりアフガニスタンに送還されることについて
③3条
④違反なし

3.規約人権委員会

　36件のうち23件を受理、本案について審議。

コロンビア No.687/1996
①CCPR/C/71/D/687/1996, A/56/40 Annex p.48 (3 April 2001)
②検察庁による自宅急襲、発砲、署名の強制など
③7条、17条1項
④違反認定

オランダ No.846/1999
①CCPR/C/71/D/846/1999, A/56/40 Annex p.158 (3 April 2001)
②障害者認定の変更要求に関する裁判手続
③14条1項
④違反認定

アイルランド No.819/1998
①CCPR/C/71/D/819/1998, A/56/40 Annex p.122 (4 April 2001)
②普通犯罪を特別刑事裁判所に付されたことについて
③26条
④違反認定

クロアチア No.727/1996
①CCPR/C/71/D/727/1996, A/56/40 Annex p.58 (4 April 2001)
②人権活動家、野党党首に対する迫害、違法逮捕など
③14条3項c
④違反認定

チェコ No.857/1999
①CCPR/C/72/D/857/1999, A/56/40 Annex p.168 (12 July 2001)
②相続権、財産の回復権の国籍要件
③26条
④違反認定

シエラ・レオーネ Nos. 839/1998, 840/1998, 841/1998
①CCPR/C/72/D/839/1998, CCPR/C/72/D/840/1998, CCPR/C/72/D/841/1998, A/56/40 Annex p.153 (16 July 2001)
②軍事裁判所により死刑判決を受けた元軍人18名。控訴が認められず、数日後執行。委員会は規程86条に基づく暫定措置を要請したが、当事国は12名を処刑
③6条、14条5項
④違反認定

トリニダード・トバゴ No.818/1998
①CCPR/C/72/D/818/1998, A/56/40 Annex p.111 (16 July 2001)
②逮捕から公判、控訴までの裁判の遅延、刑務所の状況
③9条3項、10条1項、14条3項c、5項
④違反認定

オランダ No.855/1999
①CCPR/C/72/D/855/1999, A/56/40 Annex p. 165 (16 July 2001)
②65歳以上の年金受給者パス保持者のパートナーのパスが60歳以下には認められないことについて
③3条、5条、26条
④違反なし

ロシア No.790/1997
①CCPR/C/72/D/790/1997, A/56/40 Annex p.88 (24 July 2001)
②陪審員による裁判の拒否など
③14条1項、2項、3項e、4項、26条
④違反なし

ラトビア No.884/1999
①CCPR/C/72/D/884/1999, A/56/40 Annex p.191 (25 July 2001)
②公用語能力不足による地方選挙立候補取消しについて
③2条、25条
④違反認定

カメルーン No.630/1995
①CCPR/C/72/D/630/1995, A/56/40 Annex p.30 (26 July 2001)
②恩赦後の復職が認められなかったことについて
③2条、25条
④違反認定

オーストラリア No.930/2000
①CCPR/C/72/D/930/2000, A/56/40 Annex p.199 (26 July 2001)
②オーストラリア在住インドネシア人夫婦、送還による豪国籍の息子との家族生活の侵害
③17条、23条1項、24条1項
④違反認定

スペイン No.865/1999
①CCPR/C/73/D/865/1999 (22 Oct. 2001)
②予備役からの復帰拒否
③14条1項、25条c、26条
④違反認定せず

フィリピン No.788/1997
①CCPR/C/73/D/788/1997 (23 Oct.

2002)
②殺人容疑に対する裁判の遅滞
③9条3項、14条3項c
④違反認定

フィンランド No.779/1997
①CCPR/C/73/D/779/1997 (24 Oct. 2001)
②国有地の伐採、道路建設による放牧の制限
③2条、14条1項
④違反認定

トリニダード・トバゴ No.928/2000
①CCPR/C/73/D/928/2000 (25 Oct. 2001)
②裁判の遅滞、棒打ちの刑
③7条、9条3項、14条3項c・d
④違反認定

チェコ No.747/1997
①CCPR/C/73/D/747/1997 (30 Oct. 2001)
②財産回復権の国籍要件
③2条、26条
④違反認定

チェコ No.765/1997
①CCPR/C/73/D/765/1997 (30 Oct. 2001)
②ナチスドイツによる没収財産の回復拒否
③26条
④違反認定

ジャマイカ No.695/1996
①CCPR/C/73/D/695/1996 (31 Oct. 2001)
②刑務所の状況、治療拒否、裁判手続
③10条、14条3項d
④違反認定

チェコ No.774/1997
①CCPR/C/73/D/774/1997 (31 Oct. 2001)
②ナチスドイツによる没収財産の回復拒否
③26条
④違反認定

ガイアナ No.728/1996
①CCPR/C/73/D/728/1996 (1 Nov. 2001)
②殺人容疑で死刑判決に至る裁判の遅滞
③9条3項、14条3項c
④違反認定

(岡田仁子)

● アジア・太平洋地域の政府・NGOの動向

2nd World Congress against Commercial Sexual Exploitation of Children

第2回子どもの商業的性的搾取に反対する世界会議

横浜会議から人権論への問題提起──「人権モデル」と「道徳モデル」

1.横浜会議の大成功

2001年12月17〜20日に、横浜で「第2回子どもの商業的性的搾取（CSEC＝シーセック）に反対する世界会議」が開催された。世界136カ国の政府代表を含む3,050人が参加して、子ども買春・子どもポルノ・性目的の子どもの人身売買をなくすために話し合ったのである。1996年にストックホルムで開かれた第1回世界会議よりも、国の数で14カ国、人数で1,000人以上増加している。アメリカ政府が最終文書から「子どもの権利条約」という文言を外そうと動いたが、最終的には条約も位置づくかたちで最終文書が採択された。ユニセフ事務局長キャロル・ベラミーさんは、「横浜会議は100％以上の成功だ」と言ったそうだ。

2.横浜会議のハイライト

横浜会議の目的は、第1にストックホルム会議の成果文書がどれほど具体化されたかをチェックすること、第2にそれら成果文書への取組みをさらに強化すること、第3にストックホルム会議以後世界各地で行われた実践を交流し、共有すること、第4に今後取り組むべき課題や領域を明らかにすること、第5に横浜会議以後世界の取組みをチェックする恒常的な体制をつくることであった。これらはほぼ達成されたといってよい。

この会議の特徴は、第1に、政府代表とNGO代表が対等に参加したということにある。人権に関連する大規模な世界会議でこのような性格を持つものは珍しい。たとえば、私たちエクパットジャパン関西が横浜会議の中で開いたワークショップにはアメリカ政府代表も来ていたし、そのアメリカ政府代表と「子どもの非処罰化」という問題をめぐって議論もした。

横浜会議のもう1つの特徴は、子どもや若者も正式な代表として参加したことである。横浜会議には日本から33人、それも含めて世界から合計90人の子どもと若者が集まった。彼らは、横浜会議に先立つ12月13日から川崎市の「青少年の家」に集まってワークショップを重ねた。生い立ちや生活背景、言葉も違う者同士が、困難を乗り越えて、横浜会議の最終日には、1時間近くにわたって劇やパフォーマンスで訴えた。

横浜会議の第3のハイライトは100を超えるワークショップである。これらのワークショップ1つ1つがNGOの自己主張であり、世界会議への問題提起となっていた。

3.「子どもの非処罰化」に関するエクパット関西のワークショップ

　私たちエクパット関西も、横浜会議の一環として、「CSEC被害にあった子どもの非処罰化」の徹底に向けた現状と問題点に関するワークショップを行った。

　日本では、1999年に制定された「子ども買春・子どもポルノ禁止法」によって、子ども買春や子どもポルノの加害者が逮捕されるようになった。この法律では子どもは逮捕されない。ところが、少年法と抱き合わせにすることによって子どもが補導されたり、売春防止法を適用されて子どもが逮捕されたりしている。そんな問題状況は日本だけではない。そこで、このワークショップは、子どもの非処罰化を徹底するために何が必要かを考えるために行った。

　明らかになったのは、日本では逮捕や矯正を仕事とする警察が保護まで担当しており、本来的な意味での保護となっていないということである。諸外国では民間の団体や保護を専門とする機関が保護に動いているのに、日本ではそれがきわめて弱い。

4.「道徳モデル」と「人権モデル」

　こうした問題について、私たちエクパット関西は、「道徳モデル」と「人権モデル」という枠組みで整理しようと考えている。

図●子どもの商業的性的搾取に取り組む2つのモデル

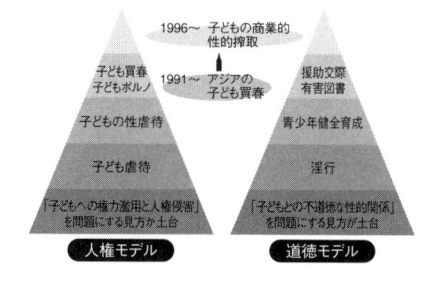

人権モデル	道徳モデル
1996〜 子どもの商業的性的搾取	
子ども買春・子どもポルノ／1991〜 アジアの子ども買春	援助交際・有害図書
子どもの性的虐待	青少年健全育成
子ども虐待	淫行
「子どもへの権力濫用と人権侵害」を問題にする見方が土台	「子どもとの不道徳な性的関係」を問題にする見方が土台

　「道徳モデル」とは、援助交際や子どもポルノを性的な倫理からの逸脱と見なす立場である。この立場からすれば、子どもを性的な存在と見なすことそのものが許せない。だから、性的なものすべてを子どもから遠ざけようとする。日本の法律も基本的には「道徳モデル」に立っている。

　この立場からは、一番の土台に「淫行」（＝性的に無軌道な行い）という概念が置かれる。「淫行」から守るために、「青少年の健全育成」が進められる。健全育成のためには、「援助交際」や「有害図書」があってはならない。

　それに対して「人権モデル」は、それらが現実的な被害を子どもたちに及ぼすからこそ問題にする。たとえば、性的虐待を受けている場面を写真などに撮られると、それはどんどん一人歩きしてしまう。後々までいつ誰が見るかわからない。撮られた子どもは不安でならない。性的虐待が、一生にわたって影響を及ぼすことになる。「人権モデル」が子どもポルノを問題にするのはそのような理由からである。

　「人権モデル」に立つと、土台に据えられる概念は、「子ども虐待」となる。「子ども虐待」は子どもの心身に深い影響を残す。「子ども虐待」の一環として

「子どもへの性的虐待」がある。「性的虐待」は、「虐待」全般のなかでもとくに深刻な被害が生じやすい。「子ども買春」や「子どもポルノ」もこの「性的虐待」の枠の中で考える。

このように、いずれの立場に立つかによって、言葉づかいや取組み方が違ってくるのだが、ここで問題になるのは、最近では「人権」という言葉を使いながら、よくよく考えてみると「道徳モデル」に立って論じている人が結構いるということだ。つまり、被害の実態から出発して、そこから必要な取組みを論じるのではなく、頭ごなしに「○○はダメ」と言って済ませてしまう主張である。

性に関することがらはとくに1人1人の意識が大きく異なる。愛情がない人との性的関係をどのように考えるのか。結婚していない人同士の性的関係を肯定するのか。何歳ぐらいから性的関係を持つことを認めるのか。またそれは一般論として考える場合と、自分の子どもについて考える場合とでどう異なるのか。これら1つ1つについて、個々人の感じ方が異なっている。

「○○はダメ」というのは、多くの場合こういう違いを無視して、自分にとっての「当たり前」を他の人に強制している。人権というのは、そのようなお互いの価値観をぶつけ合いながら、実際の被害を捉えつつ普遍的なルールを求めてきて生まれたルールである。だから、頭ごなしに「○○はダメ」という人々は、たとえ人権という言葉を使っていても、人権とは似て非なる考え方に立っているというのである。

5.日本の課題

横浜会議は、「グローバルコミットメント2001」という成果文書を採択して閉会した。子どもや若者たちの最終アピール[1]も高く評価されている。今後は、横浜会議の成果を踏まえて世界中の議論と取組みが進んでいくことになるだろう。子どもや若者の参加に関する議論も前進するにちがいない。

とくに、①子どもの非処罰化などの観点に立った「子ども買春・子どもポルノ禁止法」の見直し、②被害にあった子どものケアなど支援活動の展開、③具体的なケースを踏まえた市民団体や諸機関のネットワーク活動、が必要になるだろう。私たちは、子どもの被害という観点を土台に据えながら、議論と取組みに関わっていきたいと考えている。

※ヒューライツ大阪ニュースレターNo.42(2002年3月号)より転載。

(森実/エクパットジャパン関西・大阪教育大学助教授)

---

1)「グローバルコミットメント2001」と「最終アピール」は、外務省のホームページに翻訳が掲載されている。http://www.mofa.go.jp/mofaj/gaiko/csec01/(2002年5月31日現在)

● アジア・太平洋地域の政府・NGOの動向

Establishment of the National Human Rights Commission in Korea

韓国における国家人権委員会の創設

1.人権委員会設置までの経過

　韓国における人権委員会の設置構想は、1993年に国連世界人権会議に参加したNGOが政府に対して人権法制定と人権委員会の設置を要請したことに遡り、その後、金大中大統領も委員会設置を選挙公約としていた。1998年には、日本の法務省にあたる法務部が特殊法人的な性格の委員会設置を定めた人権法案を発表するが、最終的に70を超すNGOによる共同推進委員会などの市民社会は、国家機関としての委員会の設置を求め、政府案に対する反対の姿勢を強めていく。同時期に、国連人権高等弁務官の特別顧問であるブライアン・バードキン氏も、法務部案による独立性の確保は困難であるとの立場を表明している。その後、法務部による修正案が提出されるが、国内NGOの強い反対と政治情勢などにより、膠着状態が続いた結果、1999年末に廃案となり、2000年末に国会議員による複数の法案が提出される。そして、2001年4月30日に、野党ハンナラ党案が136対137票の1票差で否決、与党民主党案が137対133票の僅差で可決され、現行の国家人権委員会法が成立、11月25日に施行され、2002年より委員会は本格的な活動を開始している。

2.人権委員会の活動

　委員会の設置法である国家人権委員会法は、第1章「総則」から第6章「罰則」までの63カ条の規定から構成されている。以下、委員会の活動の特徴的な点について、同法に基づき、簡潔に述べる。まず同法での人権は、憲法および法律、国際人権条約および国際慣習法で認められたものとし、人権の定義を明確にしている(第2条第1項)。委員会の独立性に関しては、「委員会はその権限に属する業務を独立して遂行する」と一般的に規定している(第3条②)。また、人的適用範囲は、国民に加えて、韓国領域内の外国人への適用も明示している(第4条)。委員会の委員は、国会選出の4名(与野党が各2名推薦)および大統領指名の4名、大法院長指名の3名の計11名を大統領が任命する。委員長を含む4名を常勤の委員、女性の委員を4名(以上)とし、任期は3年で、1回のみの再任を可能としている(第5条、第7条)。また、委員会の議事は原則公開とされ(第14条)、事務局を統轄する事務総長および一定職階以上の職員

は、大統領により任命される(第16条)。なお、初代委員長には弁護士の金昌国(キム・チャンクッ)氏、事務総長には性暴力相談所の所長であった崔英愛(チェ・ヨンエ)氏が就任している。

委員会は、①調査・研究および勧告・意見表明、②人権侵害行為に対する調査および救済、③人権状況に対する実態調査、④人権教育・広報、⑤国際人権法の履行などに関する研究および勧告、⑥国内人権団体や国際機関、外国の人権機関との協力などの広範囲の業務や権限を与えられている(第19条)。さらに、地方自治体を含む行政機関が人権に関連する法令を制定または改正する際の事前の委員会への通報や、人権条約機関への政府報告書作成時の委員会への意見聴取義務、拘禁施設などへの訪問調査、法院(裁判所)への意見提出などの活動も認められている。

救済を求める陳情(申立て)に対する委員会による調査および救済は、主に公権力による人権侵害と私人を含む差別による人権侵害を対象とし、陳情は人権を侵害されたとする者に加えて、人権侵害の事実を知っている第三者や団体に対しても認めている(第30条)。差別禁止事由としては、性別、宗教、障害、年齢、社会的身分、出身地域、出身国、民族、容貌、婚姻上の地位、人種、思想、性的指向、病歴などを列挙し、差別禁止分野としては、労働、住居、教育、サービスの提供などを挙げている。陳情に対する調査方法では、当事者および関係者に対する出席要求および陳述(書)提出要求、資料等の提出要求、実地調査、質問・検査などを認め(第36条、第37条)、調査後の処理方法として、緊急救済措置勧告、協議勧告、調停委員会による調停、救済措置勧告、告発、法令・制度等の改善勧告などの措置をとることができる(第40~第48条)。また、拘禁施設などの被収容者の陳情権の保障(第31条)や、陳情がない場合の職権による調査(第30条③)を認めていることも特徴的な点である。

その他、委員会の活動全般および陳情の処理結果は公表され(第29条、第50条)、第6章において、懲役、罰金および科料などの罰則を規定している。調査・救済を含む委員会の活動の詳細は、後日作成・採択される諸規則により補完される予定である。なお、委員会関係者によると、すでに1,000件以上の陳情が寄せられているようである。

3.日本が韓国から学ぶこと

韓国の国家人権委員会法は、委員会の独立性の確保や地方における活動、差別表現などに関する救済など、必ずしも十分とはいえない余地も残されているが、一方で委員会設置法であることを明確にした法律の名称や、国際人権法を含む適用される実体法(人権の定義)の明示的規定、公権力による人権侵害の救済など、概ね実効的な内容を備えたものと評価できるだろう。しかしながら、国会での僅差の採決結果や、成立直後に「人権侵害に対する救済が不

可能な法律である」との国内NGOの批判にさらされるなど、今後の課題も山積している。それでも、約4年に及ぶ法律制定までの過程は、制度設計の担い手としての市民社会の主体性あるいは自律性を示すものとして、日本の市民社会が学ぶべき多くのことを示しているように思われる。日本においても、実効的な人権保障の確保や市民社会との協働、人権文化の創造などの国内人権機関のもつ本来の意義の実現へ向けて、隣国韓国を含む国際社会からの評価に耐えうる制度設計が望まれる。

＊法律の翻訳を含む委員会の活動については、金東勲「韓国の『国家人権委員会法』を概観する」部落解放研究143号(2001年)、ヒューライツ大阪機関誌『国際人権ひろば』43号(2002年5月)掲載の金東勲論文を参照。2002年5月時点では、委員会のウェブ・サイトは韓国語では開設されているが、英語版はまだのようである。

(藤本俊明／神奈川大学講師・人権フォーラム21NMP研究会研究主任)

●アジア・太平洋地域の政府・NGOの動向
Conception of Human Rights Commission in Japan
日本の人権委員会構想の問題点

1. 人権委員会構想の背景

　2002年3月、政府は人権委員会の組織と権限について定めた人権擁護法案を国会に提出した。本稿執筆段階においては同法案の帰趨は定かではないが、政府が想定するタイムテーブルに従えば、2003年7月頃には日本でも人権委員会が発足する見込みである。

　政府の人権委員会構想は、もともと国連の規約人権委員会の勧告など国際社会からの要請を背景として生まれたものである。つまり、政府から独立した国内人権機関を設立せよとの「外圧」が、人権委員会の設立を促した大きな要因であった。しかしながら、人権擁護法案によって具体化されようとしている人権委員会は、国際社会が求めたような独立性を具備していないなど、さまざまな問題点を内包している。

　以下では、それらの問題点を列挙し、今次の人権委員会構想の欠陥や危険性を摘示していく。

2. 人権委員会構想の問題点：独立性に欠ける

　人権擁護法案では、「人権委員会の委員長及び委員は、独立してその職権を行使する」（第7条）と規定されているものの、その一方で、人権委員会は法務大臣の所轄に属することが明記されている（第5条）。また、委員会の事務局は、現在の法務省人権擁護局がそのまま横すべりするかたちで担うことになっており、地方の事務についても、法務省の出先機関である地方法務局が担当する。しかも、人権委員会には職員採用や人事に関する独自の権限が認められていないため、事務局の人事は事実上法務省が決定し、人権委員会の職員も何年かの勤務を経て法務省本省に戻ることになる。すなわち、たとえ人権委員会の各委員に独立した職権が付与されていても、その手足となる職員は法務省のヒエラルキーに組み込まれているのであり、これでは実質的な独立性の確保を期待することはできない。

　この弊害が端的に現れるのではないかと危惧されるのが、公権力による人権侵害についてである。人権委員会は、公務員による差別や虐待などに対して必要な措置をとり、被害者の救済を行うことを任務のひとつとしているが、日本におけるこの種の人権侵害は、刑務所や拘置所、あるいは入管施設といった法務省管轄の施設で発生することが多い。また、こうした被拘禁施設は密室性が高く、それゆえそこで生じる差別や虐

待も深刻である。しかし、新しく設立されようとしている人権委員会は、上述のように法務省から独立した機関とはいえないため、これらの人権侵害事案について積極的に調査を行い、被害者救済を行うとは考えにくい。刑務所や拘置所を管轄する法務省矯正局も、入管施設を管轄する入国管理局も、いずれも人権委員会から見れば「身内」であり、身内に甘い日本の行政慣行の中においては、公権力による人権侵害がうやむやに処理されてしまう危険性が高い。

こうした事態を防ぎ、人権委員会を真に独立した機関とするためには、人権委員会を内閣府の管轄とするとともに、独自の事務局を整備し、他の行政機関と対等な地位に立って職権を行使できる環境を整えるべきである。

3. 人権委員会構想の問題点：中央集権的である

新たに設置される人権委員会は、東京に置かれる1つの委員会が全国を統括することになっている。各都道府県にも地方事務所が設けられることになっているが、それらはあくまで出先機関にすぎない。しかし、人権問題は地域に根ざした日々の生活の中で生起する場合が多く、またその背景や根底には、地域の文化や慣習、歴史、人間関係といった、その地域独自の事情が影響していることが少なくない。そうであれば、人権委員会の組織体制も、政府が構想するような中央集権的なものではなく、地方レベルにも人権委員会を設置するという分権型

のものにすべきである。

市区町村を単位とする現在の人権擁護委員制度においても、年間で15,000件以上の人権侵犯事案を処理しており、新たに人権委員会が設置されれば、さらに多くの救済申立が行われるであろう。そのすべてを中央の人権委員会で一元的に担当するのは、物理的にも不可能に近く、被害者に満足な救済をもたらすことも期待できない。地域に根ざしたきめ細やかな活動を行い、人権侵害の被害者に納得のいく解決策を導き出すためには、都道府県や政令市といった地方レベルにもそれぞれ人権委員会を置き、地域の事情に通じた委員や職員が、その地域の実情に即した適切な救済を行っていくべきである。

4. 人権委員会構想の問題点：当事者性がない

陳腐なたとえ話ではあるが、足を踏まれた者の痛みは踏まれた当人にしかわからない。人権侵害についても同じであって、差別や虐待を受けた者の心の痛みや怒り、恐怖、孤独感などは、それを受けた者にしか理解できない。人権擁護法案によれば、人権委員会の委員には「人格が高潔で人権に対して高い識見を有する者」(第9条)が任命されることになっているが、こうした人々が必ずしも人権侵害の被害者の気持ちを理解できるわけではない。だが、人権委員会が人権問題の解決にあたるためには、当事者の心情を汲み取ることが絶対的に必要である。そうした観点を無視して人

権救済を行っても、被害者に満足のいく解決をもたらすことはできず、その結果、人権委員会は当事者からの信頼を得られない単なる「お役所」となってしまうであろう。

　当事者の視点を取り入れ、人権侵害の実効的な救済を図っていくためには、人権問題に関わる当事者団体やNGOなどとの連携を深めるとともに、それらの団体のメンバーを積極的に人権委員会の委員や職員に登用すべきである。しかしながら、人権擁護法案にはそうした規定はなく、法務省の一外局であるまったくの行政機関として人権委員会を創設しようとしている。このような組織で果たして当事者の視点に立った救済を行い、当事者の信頼を得ることができるのであろうか。現段階では、その可能性はかなり低いといわざるをえない。

5.おわりに

　上述のように、政府の人権委員会構想には種々の問題点が見られ、これ以外にも、マスメディアに対する規制権限が悪用される危険性や、禁止される差別行為が限定的であるとの批判が提起されている。これらの指摘を真摯に受け止め、アジア・太平洋地域の範となるような、より良い人権委員会が設立されることが望まれる。

（金子匡良／人権フォーラム21・
法政大学大学院法律学専攻博士課程）

●アジア・太平洋地域の政府・NGOの動向
The 6th Annual Meeting of the Asia Pacific Forum of National Human Rights Institutions

アジア・太平洋国内人権機関フォーラム第6回年次会合

1. 国内人権機関[1]

　1948年から経済社会理事会においては、国内人権機関に関わる問題について議論されていた。その後1980年代を通して、国連は、国内人権機関に関心を示し、また相当数の国内人権機関が国連人権センターの支援のもと設立された。その後、国内および地域的な人権の伸長と保護に関わる機関の参加を得て、1991年10月7日から9日にかけて、第1回人権の伸長と保護のための国内機関に関する国際ワークショップが開催された。この結論は、人権委員会の決議1992/54により、「国内人権機関の地位に関する原則(パリ原則)」として承認され、続いて国連総会でも決議48/134により承認された。

　「パリ原則」によると、国内人権機関とは、①人権保障のため機能する既存の国家機関とは別個の公的機関で、②憲法または法律を設置根拠とし、③人権保障に関する法定された独自の権限を持ち、④いかなる外部勢力からも干渉されない独立性を持つ機関をいう。

2. アジア・太平洋国内人権機関フォーラム

　1977年にアジア・太平洋地域で初の国内人権機関であるニュージーランド人権委員会が設立された。その後、80年代後半から各国で国内人権機関設立の動きが見られた。1996年にはオーストラリア、ニュージーランド、インド、インドネシアの国内人権機関の代表がオーストラリアのダーウィンで第1回アジア・太平洋国内人権機関ワークショップを開催し、この地域の国内人権機関の相互協力と情報交換などのため、アジア・太平洋国内人権機関フォーラム(以下、略「フォーラム」)を創設した(『アジア・太平洋人権レビュー〔以下、略「レビュー」〕1997』173、174頁参照)。なお第2回フォーラム会合は1997年にニューデリーで(『レビュー1998』249頁参照)、第3回は1998年にジャカルタで(『レビュー1999』232頁参照)、第4回は1999年にマニラで(『レビュー2000』151〜153頁参照)、そして第5回はロトルアで(『レビュー2001』137〜139頁参照)それぞれ開催された。

---

[1] この章については、山崎公士監修『国内人権機関—人権の伸長と保護のための国内機関づくりの手引書』(解放出版社、1997年)を参照した。

3.第6回年次会合の概要[2]

　2001年9月24日から27日にかけてスリランカのコロンボにおいて「人権の保護と促進におけるアジア・太平洋国内人権機関フォーラムの役割」をメインテーマに掲げ、第6回の年次会合が開催された。フォーラムは今会合から正式メンバーとなったモンゴルを加え、ニュージーランド、オーストラリア、フィジー、インド、インドネシア、フィリピン、スリランカ、ネパールの9つの国内人権機関によって構成されている。このフォーラムのメンバー以外には、地域内の政府、関係機関、国際的NGO、地域的NGOそして国内NGO、国連の専門機関から100を超える代表がオブザーバーとして参加した。しかし今回は、残念ながら日本からはNGOも政府からも代表が参加していない。

　また、今会合は会期4日のうち2日間をフォーラム・メンバーのみの非公開の会合とし、フォーラムの戦略計画と方向性について議論を行った。それ以外の公開会合において議論された議題は「地域的協力─人権の保護と促進におけるアジア・太平洋国内人権機関フォーラムの役割」、「新しく創設された国内人権機関のニーズ」、「NGOと国内人権機関─アジア・太平洋人権ネットワークからの報告」、「HIV/AIDSと人身売買─国内人権機関に対する課題」、「アジア・太平洋地域の協力」、「人種主義、人種差別、外国人排斥と関連のある不寛容─反人種主義・差別撤廃世界会議の成果に関する報告」、「国内避難民と国内人権機関」である。前回、女性の人権を議題として取り上げるようNGOより要請があったが、残念ながら今会合ではそれは議題に上らなかったようである。

4.まとめ

　フォーラムのホームページや関連資料を見ると、今回の会合はフォーラム自体の制度強化に重点が置かれていたようだ。その成果として最大のものは、フォーラムの憲章を制定したことであるとフォーラム自身も総括している[3]。そのような制度強化が単にフォーラムの規模を大きくするという意味だけではなく、各加盟機関が本当に各国内で人権の保護と促進に貢献できるようフォーラムが発展していくという意味も持たなければならない。そのためにはもう一度ここで、フォーラムにおいて各国政府、NGOそして国際機関との連携を強化しなければならないだろう。とくにNGOとの関係については、今回の最終結論で宣言してあるとおり再考し、その関係を強化する必要性があろう。

　日本も現在人権委員会の設置を検討しているが、それはフォーラムに参加することができるような「パリ原則」を満たすものでなければならない。そしてフォーラムに参加し、その発展、およびアジア・太平洋地域の人権の保護と促進のために貢献してほしい。

（山科真澄／神戸大学大学院国際協力研究科博士課程）

---

2) フォーラムのホームページ(http://www.apf.hreoc.gov.au.)を参照した。
3) see http://www.apf.hreoc.gov.au/news_info/bulletin_6.html#colombo.

資料 1

アジア・太平洋国内人権機関フォーラム第6回年次会合最終結論
人権の保護と促進におけるアジア・太平洋フォーラムの役割

スリランカ、コロンボ
2001年9月24〜27日

序章

1.スリランカ、オーストラリア、フィジー、インド、インドネシア、モンゴル、ネパール、ニュージーランド、そしてフィリピンの国内人権機関から構成されるアジア・太平洋地域国内人権機関フォーラム(以下、略「フォーラム」)の第6回年次会合が、2001年9月24日から27日までスリランカのコロンボにおいて開催された。

2.フォーラムは、スリランカ人権委員会に対し会合の主催について、国連人権高等弁務官事務所(OHCHR)に対し共催について、そしてオーストラリア、ニュージーランド政府に対しその財政的支援について謝意を表明する。フォーラムはとくにスリランカ人権委員会の委員と職員の方々、そしてフォーラム事務局に対して、会合を運営するための活動について感謝する。

3.フォーラムは、域内の政府、他の関係する機関そして国際的、地域的、国内的NGOの100を超えるオブザーバーとしての参加を歓迎する。参加者はオーストラリア、中国、大韓民国、ラオス、ニュージーランド、パプアニューギニア、サモア、そしてスリランカ政府の代表、また36のNGOの代表を含む。

4.スリランカ司法長官サラス・シルバ閣下(Sarath Silva)、国連人権高等弁務官アジア・太平洋地域アドバイザーそして国連規約人権委員会委員長であるP・N・バグワティ判事(Justice P. N. Bhagwati)、スリランカ人権委員会の委員長そしてアジア・太平洋地域国内人権機関フォーラム議長であるFaisz Musthapha氏が今会合を開会した。開会の声明において著名なスピーカーたちが人権の保護と促進のための独自の地域機構としての役割を歓迎し、国連、政府そして民間財団に対してフォーラムの活動に対し強力な財政的、物的支援を提供することを要求した。

結論

5.フォーラム・メンバーは、フォーラムの法構造と統治構造に関する問題を審議するという第4回、第5回の年次会合で任命された作業部会の報告書を検討した。フォーラム・メンバーは新しい構造に合意した。フォーラム・メンバーはまたフォーラムの戦略的方向について議論し、主要な戦略的優先事項と同時にその任務と将来像に関する声明を決定した。フォーラム・メンバーはフォーラムの優先事項が達成されることを確保するために、評価とフィードバック・メカニズムを発展させることに合意した。

6.フォーラムは、国内人権機関の地位と責任は国連総会において採択された国内人権機関の地位に関する原則(決議48/134、「パリ原則」)を満たすべきであること

を確認した。これを基礎として第9番目のメンバーとしてモンゴル国家人権委員会の参加を承認した。

7.フォーラム・メンバーは、全会一致でスリランカ人権委員会（現在の年次会合の開催地機関）をフォーラムの議長として選出した。ネパール国家人権委員会（次回の年次会合の開催地機関）、そしてニュージーランド人権委員会（前回の年次会合の開催地機関）も同様に全会一致で副議長に選出された。これらの役職の期間は次回の年次会合までとする。さらにフォーラム・メンバーはオーストラリア人権および機会均等委員会、フィジー人権委員会、インド連邦人権委員会、フィリピン人権委員会を国内人権機関に関する国際調整委員会の4つの地域代表として選出した。フォーラム・メンバーは、これらの役職をフォーラム・メンバー間の輪番で行うことに同意し、フォーラム事務局に対してフォーラム・メンバーが検討するために輪番の方式に関しての指針を発展させることを要請した。

8.フォーラムは、その加盟機関、とくに新しく創設された機関に対しさらなる支援を提供する必要性について同意した。フォーラムは事務局に対し各機関がフォーラムから提供してほしい実効的な支援、そして逆に各機関がフォーラムに対して提供することができるノウハウ、技術についての情報を提供するようすべての加盟機関に対し書面を送付するように要請した。フォーラムは加盟機関の間で職員を交換する必要があるとして、事務局に対してこれを実行するために必要な基金を設立することを要請した。フォーラムはまた、国内人権機関が効果的で能率的に機能するための相互の関心事項について議論するために、加盟機関の主席行政官を招集する可能性を探求することに同意した。

9.フォーラムは、人権の保護と促進のための活動においてNGOと国内人権機関の関係が重要であることに同意した。フォーラム・メンバーと人権NGOは、相互の利益と尊重そしてフォーラムの1999年キャンディー行動計画の詳細に基づいた緊密で協力的な関係を発展させ続けるという責任を再確認した。

10.フォーラム・メンバーは、HIV/AIDSはその重大な経済、社会そして文化との関係性から単に保健の問題ではなく人権問題として見られるべきであることに同意した。それゆえ、フォーラム・メンバーは、HIV/AIDSに基づく差別と人権侵害と闘うことを約束した。そしてその任務を実行するために、国連、政府そしてNGOの支援を求めた。フォーラムは、2001年10月7日と8日にオーストラリアのメルボルンで開催された「HIV/AIDSと人権」に関する地域的ワークショップを開催したイニシアチブを歓迎し、ワークショップの最終結論に期待した。フォーラムはまた、この分野における活動にとりかかるため、フォーラム・メンバーを支援する実効的プロジェクトの履行のための基金を獲得し発展させることを事務局に要請した。

11.フォーラムは、ジェンダーと女性の搾取に基づく差別に焦点を当てることによって女性の人権を保護し促進するフォーラムの特別なコミットメントを続けた。フォーラムは、2002年に人身売買に関する地域的ワークショップを開催するという提案を承認した。フォーラム・メンバーはまた、実効的なプロジェクトを国境を越えた人身売買と闘うために発展させるべきであるという意見を歓迎し、事務局に対しこの目的のために基金を設立することを要請した。

12.フォーラムは、アジア・太平洋地域における国内人権機関の役割に関するドキュメンタリー・ビデオの製作を歓迎した。フォーラム・メンバーは、その教育的活動の一環として国内のメディア・ネットワークを通してこのドキュメンタリーを利用することを考慮することに同意した。フォーラムは、事務局と国

連に対して政府とNGOに対し国内人権機関の活動について情報提供をするために共に活動することを要請した。

13．国連人権高等弁務官アジア・太平洋地域アドバイザーは、フォーラムの活動のための人権高等弁務官が示している、また示し続けようとしている強力なコミットメントを強調した。フォーラム事務局の事務局長は、地域的協力を促進するプロジェクトの履行において国連とフォーラムの緊密で協力的な関係を維持する必要性を強調した。フォーラム・メンバーは、この協力的なパートナーシップとフォーラムの活動のために、国連人権高等弁務官事務所と共に総合的な制度的強化プロジェクトを作成するという提案を承認した。フォーラム・メンバーはまた、国内人権機関と緊密に活動する国際条約機関と国連の特別メカニズムの必要性を強調し、事務局と国連人権高等弁務官事務所に対しこれが履行される方法について検討するように要請した。

14．フォーラムは、国内・国際紛争下で活動する国内人権機関が直面している困難を検討し、人権侵害と人道に対する罪の犯罪者の訴追は法の支配に従うことが必要不可欠であることを強調した。フォーラム・メンバーは、犯罪人を逮捕し起訴するために必要なすべての措置は人権と人道法に合致する方法で行われるべきことを強調した。フォーラム・メンバーはさらに、紛争下においてはことさら国内人権機関の維持と尊重のためにその独立が重要であることを強調した。国内人権機関はまた人権保護者を保護する役割を果すであろう。

15．フォーラムは事務局に対し、ローマ規程（国際刑事裁判所規程）の批准とその発効に関しての地域的ワークショップを開催するための資金を集めることを要請した。

16．フォーラム・メンバーは、「人種主義、人種差別、外国人排斥および関連のある不寛容に反対する世界会議」（以下、略「世界会議」）とその行動計画において国内人権機関により承認された文書について議論した。フォーラム・メンバーは、世界会議の成果を歓迎し国連人権高等弁務官の積極的な役割に対して祝辞を述べた。世界会議においては、国内人権機関の果たしている重要な役割に対する評価が注目された。フォーラムは、国内人権機関についての文書（A/CONF.189/Misc.1）を支持し、その勧告のフォローアップを行うことに同意した。フォーラム・メンバーは、世界会議の最終宣言と行動計画を含む成果を履行する実効的なイニシアチブに焦点を当てる重要性について強調した。

17．フォーラム・メンバーは、法律家諮問評議会による死刑およびインターネット上の子どもポルノに関する暫定報告書の勧告について、各々の考察を報告した。フォーラム・メンバーとNGO両者が法律家諮問評議会の結論を利用したことが言及された。フォーラム・メンバーがこれらのトピックに関してとった活動とそれに関わるすべての進展について報告できるように、このトピックを年次会合の議題に残しておくべきことが合意された。フォーラム・メンバーはまた、原則として人身売買に関しての法律家諮問評議会に対する付託をまとめることを決定した。

18．フォーラム・メンバーは、国連の国内避難民に関する指針原則について議論した。国内避難民保護の最初のそして主要な責任は政府と地方自治体にある一方で、国家がその義務を果たすことを確保する、そして国内避難民の人権が保護されることを確保するという国内人権機関の役割が注目された。フォーラム・メンバーは、この問題に関する各々の経験を共有する機会を歓迎し、事務局に対してこの問題についての支援を要請している国内人権機関のための基金を作ることを要請した。

19．フォーラム・メンバーは、国連人権高等弁務官事務所、そしてオーストラリア、

ニュージーランド政府により提供されたフォーラムの活動のための持続的な支援に対して謝意を表明した。フォーラム・メンバーはまた、オーストラリア人権および機会均等委員会に対して、フォーラムの形成と設立にあたって提供された特別な支援について心から感謝した。

20.フォーラムは、約12カ月以内に開催される第7回アジア・太平洋国内人権機関フォーラム年次会合の開催を受け入れるというネパール国家人権委員会の申出を感謝して受け入れた。

（訳／山科真澄）

●アジア・太平洋地域の政府・NGOの動向

Development of Human Rights Education in the Asia-Pacific Region

アジア・太平洋地域における人権教育の動向

2001年も、アジア・太平洋地域において人権教育に関するいくつかの重要な活動が行われたが、それらを振り返ってみると、人権教育プログラムが今後この地域でさらに展開していくであろう主要な分野を示唆している。以下、主な取組みを紹介する。

1.NGOによる取組み

「アジア地域人権教育資料センター」(ARRC)は、2001年4月にタイのチェンマイで「アジア人権教育トレーナー専門家会議」(Asian Human Rights Education Trainers Colloquium)を開催した。この会議には12カ国からNGOの代表が集まり、人権教育に関する経験を検討した。ロビンソン国連人権高等弁務官は参加者に対し、次のような言葉を含むメッセージを送った。

「人権教育のための国連10年を成功させるためには、協調した努力をますます結集していくことが必要です。皆様の重要な作業を続け、とくに10年の目的実現に向けた、それぞれの国相互、および国内でパートナーシップを確立するために貢献していくこと、すべての地域において人権教育を、あらゆる人々が他の人々の権利と尊厳を尊重し守るための生涯にわたる過程とすることをみなさま全員にお願いしたい」。それぞれの経験を検討するなかで、NGOの参加者は、実験も含めた最も適切な人権教育の方法論に関する継続的研究が必要であるという認識に達した。

「カナダ人権財団」(CHRF)および「女性、法と発展に関するアジア太平洋フォーラム」(APWLD)は、国際移住機構(IOM)の支援を受け、「移住労働者の保護―アジアでの協力の強化」というトレーニング・プログラムを2001年10月にチェンマイで実施した。そこでは、アジア諸国大使館の労働担当書記官および移住労働者担当の政府高官が移住労働者(とくに女性移住労働者)の権利の保護について、アジアの労働者送出し国、受入れ国としてどのような役割を担うかについて議論した。

「人権と発展のためのアジア・フォーラム」(フォーラム・エイジア)は、チュラロンコーン大学と協同で毎年行っている人権教育研究のトレーニングを2001年後半に実施した。参加者は主にNGOからの代表だった。

2001年12月、アジア太平洋国際理解教育センター(APCEIU)は、人権NGOを対象にした第2回地域ワークショップを開催した。韓国のイチョンで開催された

「アジア・太平洋における人間の安全保障のための教育および研修」と題されたこのワークショップでは、人権問題と人権教育に関する経験について意見交換が行われた。APCEIUはユネスコ韓国委員会(KNCU)の関連機関であり、ユネスコの公式支援を受けている。

2. アセアン・ライトショップ

学校における人権教育の分野では、「人権レッスン・プランに関する東南アジアワークショップ」(アセアン・ライトショップ)がフィリピン教育省、フィリピン人権委員会およびヒューライツ大阪の協同によって2001年6月フィリピンのマニラで開催された。このワークショップには、カンボジア、インドネシア、マレーシア、フィリピン、タイ、ベトナムの6カ国の学校の代表、教育関係省庁、教育研究機関およびNGOの代表が集まり、9日間にわたり適切な人権レッスン・プランの開発に向けて協同作業が行われた。財政資源の確保ができれば、このレッスン・プランを出版し、アセアン域内の教育者に教材を発信するようトレーニング・ワークショップを開催していくことになる。

3. 中国での人権教育セミナー

国レベルでは、国連人権高等弁務官事務所が中国に対して提供している人権教育に関する技術援助は重要な一例である。このプログラムはテヘラン・フレームワーク1)と、2000年3月、中国で開催された第8回アジア・太平洋地域の人権の促進と保護のための地域協力に関するワークショップの成果であり、1999年12月1～4日に韓国のソウルで行われた国連人権高等弁務官事務所主催の東北アジア人権教育トレーニング・ワークショップのフォローアップの側面も有する。

このプログラムの下で2001年11月8～9日、北京で人権教育に関する全国セミナーが開催され、中国のさまざまな政府系トレーニング機関の代表が集まった。セミナーでは4つの分野においてプログラムの発展につながる活動を検討したが、その分野とは、①初等学校および中等学校における人権教育、②専門家および他の集団のための人権トレーニング、③研究、④制度づくり、である。現在それぞれの分野のフォロー・アップを準備している。

地域および国レベルにおいて、いくつかほかにも人権トレーニング・プログラムが開催されていることを強調しておかなければならない。それらはいずれも重要なプログラムであり、人権教育に関心がある者にとって注目に値する。

4. 学んだこと

2001年2月28日～3月2日にタイのバンコ

---

1) 1998年2～3月にテヘランで開催された第6回アジア・太平洋地域における人権の伸長と保護に関する地域取極」において、域内諸国の能力を向上させ、地域取極の実現を容易にするために、「アジア・太平洋地域の技術的協力プログラムの枠組み」に基づき4つの課題について協力事業を進めることが合意された。そのうちの1つに人権教育の推進が挙げられている。

クで実施された第9回アジア・太平洋地域の人権の促進と保護に関する地域協力に関するワークショップ以降の活動を見ると、地域および国レベルにおける人権教育プログラムの開発に関して学ぶべき重要な点がいくつかある。

　上記の国および地域レベルでの経験は人権教育トレーニングを提供している機関、あるいは人権教育プログラムを開発し実施する最適な立場にある機関があることを示している。人権教育においてそれら機関は不可欠であり、最大限活用されるべきである。また、人権教育プログラムがまだない国にそのようなプログラムを導入する際に利用できる既存のプログラムがあることも示している。

(Jefferson R. Plantilla／ヒューライツ大阪主任研究員、訳：岡田仁子＋藤本伸樹／ヒューライツ大阪研究員)

子どもの権利委員会
一般的意見1（2001）
教育の目的（第29条第1項）

第26会期
2000年1月25日採択
CRC/GC/2001/1

子どもの権利条約第29条第1項
　締約国は、子どもの教育が次の目的で行われることに同意する。
　(a) 子どもの人格、才能ならびに精神的および身体的能力を最大限可能なまで発達させること。
　(b) 人権および基本的自由の尊重ならびに国際連合憲章に定める諸原則の尊重を発展させること。
　(c) 子どもの親、子ども自身の文化的アイデンティティ、言語および価値の尊重、子どもが居住している国および子どもの出身国の国民的価値の尊重、ならびに自己の文明と異なる文明の尊重を発展させること。
　(d) すべての諸人民間、民族的、国民的および宗教的集団ならびに先住民間の理解、平和、寛容、性の平等および友好の精神の下で、子どもが自由な社会において責任ある生活を送れるようにすること。
　(e) 自然環境の尊重を発展させること。

(a) 第29条第1項の意義

　1.子どもの権利条約第29条第1項は遠大な重要性を有する。そこに掲げられ、すべての締約国が同意した教育の目的は、条約の核である価値観、すなわちすべての子どもに固有の人間としての尊厳、および平等かつ不可譲の権利を促進し、支え、かつ保護するものである。第29条第1項の各号に掲げられた5つの目的はすべて、子どもの人間としての尊厳および権利を、子どもが有する発達上の特別なニーズおよび発達しつつある多様な能力を考慮に入れながら実現することと、直接結びついている。その目的とは、子どもが有する全面的可能性をホリスティックに発達させること（第29条第1項(a)）であり、そこには人権の尊重の発達（第29条第1項(b)）、アイデンティティおよび帰属の感覚の増進（第29条第1項(c)）、社会化および他者との交流（第29条第1項(d)）および環境との相互作用（第29条第1項(e)）が含まれる。

　2.第29条第1項は、第28条で認められた教育への権利に、子どもの権利および固有の尊厳を反映した質的側面をつけ加えるだけにとどまらない。同時に、教育を、子ども中心の、子どもにやさしい、かつエンパワーにつながるようなものにしなければならないと力説しているのである。また、教育プロセスがそこで認められた原則そのものに基づくものでなければならないことも、強調している[1]。すべての子どもがそれに対する権利を有している教育とは、子どもにライフスキルを与え、あらゆる範囲の人権を享受する子どもの

---

1) これとの関連で、委員会は、経済的、社会的および文化的権利に関する委員会の、教育への権利に関する一般的意見13（1999年）に留意する。これは、とくに、経済的、社会的および文化的権利に関する国際規約第13条第1項に規定された教育への目的を扱ったものである。委員会はまた、「条約第44条第1項(b)に基づいて締約国が提出する定期報告書の形式および内容に関する一般指針」（CRC/C/58）第112～116項に対しても注意を促す。

能力を強化し、かつ適切な人権の価値観が浸透した文化を促進するような教育である。その目標は、子どものスキル、学習能力その他の能力、人間としての尊厳、自尊感情および自信を発達させることにより、子どもをエンパワーすることにある。このような文脈における「教育」とは、正規の学校教育の範囲をはるかに超えて、子どもが個別にであれ集団的にであれ、その人格、才能および能力を発達させ、かつ社会のなかで全面的かつ満足のいく生活を送れるようにしてくれる、幅広い範囲の生活経験および学習過程を包含するものである。

3.教育に対する子どもの権利は、アクセスの問題（第28条）のみならず内容の問題でもある。第29条第1項の価値観にしっかりと根づいた内容をもつ教育は、グローバリゼーション、新たなテクノロジーおよび関連の諸現象に駆り立てられた根本的な変化の時代につきまとう課題に対し、その人生の過程でバランスのとれた、人権に馴染んだ対応を達成する努力を行ううえですべての子どもにとって不可欠の手段である。そのような課題には、とりわけ、グローバルなものと国および地域に根づいたもの、個人と集団、伝統と近代、長期的考慮と短期的考慮、競争と機会均等、知識の拡大とそれを吸収する能力、霊的なもの（the spiritual）と物質的なものとの間の緊張が含まれる2)。それでもなお、国および国際社会のレベルで真に期待できるプログラムや政策においても、第29条第1項が体現する側面が大部分見失われており、あるいは単に見せかけだけのつけ足しとしてしか存在しないことが、あまりにも多すぎるようである。

4.第29条第1項の文言は、締約国は教育が広範な価値観を志向して行われることに同意するとなっている。この同意は、世界の多くの場所で築き上げられた宗教、民族および文化の境界を克服するものである。一見すると、第29条第1項で表明された多様な価値観の中には、一定の状況下ではお互いに衝突すると思われるものがあるかもしれない。したがって、第1項(d)にいうすべての諸人民間の理解、寛容および友好を促進しようとする努力は、第1項(c)に従って子ども自身の文化的アイデンティティ、言語および価値、子どもが居住している国および子どもの出身国の国民的価値ならびに自己の文明と異なる文明の尊重を発展させることを目的とした政策と、必ずしも自動的に両立するわけではない可能性がある。しかし実際には、この規定の重要性の一端は、まさに、教育に対してバランスのとれたアプローチを、そして対話および違いの尊重を通じて多様な価値観をうまく調和させることができるアプローチをとる必要性を、この規定が認めたところにあるのである。さらに、歴史的に人民の集団を他の集団から引き離してきた多くの違いを乗り越えるうえで、子どもは他に比べるもののない役割を果たすことができる。

(b)第29条第1項の機能

5.第29条第1項は、教育が達成をめざすべきさまざまな目的を単に目録または一覧にしたものではない。条約の全体的文脈のなかで、第29条第1項はとくに以下の側面を強調する役割を果たしている。

6.第1に、第29条第1項は条約の規定が分かちがたく相互に関連していることを強調している。この規定は他のさまざまな規定を根拠とし、強化し、統合し、かつ補完しているのであって、他の規定と切り離して的確に理解することはできない。条約の一般原則、すなわち差別の禁止（第2条）、子どもの最善の利益（第3条）、生命、生存および発達への権利（第6条）および意見を表明しかつ

2）国際連合教育科学文化機関, Learning: The Treasure Within (Report of the International Commission on Education for the 21st Century) (1996) pp.16-18.

考慮される権利（第12条）に加えて、その他の多くの規定を挙げることができる。親の権利および責任（第5条および第18条）、表現の自由（第13条）、思想の自由（第14条）、情報への権利（第17条）、障害を持った子どもの権利（第23条）、健康のための教育への権利（第24条）、教育への権利（第28条）、およびマイノリティ・グループに属する子どもの言語および文化に関わる権利（第30条）などであるが、これに限られない。

7.子どもの権利は文脈を欠いたままばらばらに、または孤立して存在する価値観ではなく、第29条第1項および条約前文が部分的に描き出しているいっそう幅広い倫理的枠組みのなかに存在するものである。条約に関して行われてきた批判の多くに対して、この規定が具体的に答えを出している。したがって、本条はたとえば、親に対する尊敬の念、権利をいっそう幅広い倫理的、道徳的、霊的（spiritual）、文化的または社会的枠組みのなかで捉える必要性、および、ほとんどの子どもの権利は外から押しつけられるどころか地域共同体の価値観のなかに埋め込まれている事実の重要性を強調しているのである。

8.第2に、本条は教育への権利が促進されるプロセスを重視している。したがって、その他の権利の享受を促進しようとする努力が教育プロセスのなかで伝えられる価値観によって阻害されてはならず、逆に強化されなければならない。これには、カリキュラムの内容だけではなく、教育プロセス、教育方法、および、家庭か学校かその他の場所かは問わず、教育が行われる環境が含まれる。子どもは校門をくぐることによって人権を失うわけではない。したがって、たとえば教育は子どもの固有の尊厳を尊重し、第12条第1項に従って子どもの自由な意見表明や学校

生活への参加を可能にするような方法で提供されなければならない。教育はまた、第28条第2項に反映された規律の維持への厳格な制限を尊重する方法で提供され、かつ学校における非暴力を促進するような方法で提供されなければならない。委員会は、総括所見のなかで、体罰を使用することは子どもの固有の尊厳も学校の規律に対する厳格な制限も尊重しないことであると繰り返し明らかにしてきた。第29条第1項で認められた価値観を遵守するためには、学校が完全な意味で子どもにやさしいものとなり、かつあらゆる点で子どもの尊厳に一致していなければならないことは明らかである。学校生活への子どもの参加、学校共同体および生徒会の創設、ピアエデュケーションおよびピアカウンセリング、ならびに学校懲戒手続への子どもの関与が、権利の実現を学習および経験するプロセスの一環として促進されなければならない。

9.第3に、第28条が教育制度の確立および教育制度へのアクセスの確保に関する締約国の義務に焦点を当てている一方で、第29条第1項が強調するのは、特定の質を備えた教育に対する独立した実体的権利である。子どもの最善の利益に則って行動することの重要性を条約が強調していることに従って、本条は子ども中心の教育というメッセージを強調している。すなわち、鍵となるのは、「すべての子どもは独自の特性、関心、能力および学習上のニーズを有している」[3]という認識に立った、個人としての子どもの人格、才能および能力の発達である。したがって、カリキュラムは子どもの社会的、文化的、環境的および経済的背景や子どもの現在のおよび将来のニーズに直接関連するものでなければならず、かつ、子どもの発達しつつある能力を全面的に考慮に入れたものでなければならない。教育方法はさ

[3) 国際連合教育科学文化機関「特別なニーズ教育に関するサラマンカ宣言および行動のための枠組み」（1994年）、宣言第2項。

まざまな子どものさまざまなニーズに合わせて調整されるべきである。教育はまた、必要不可欠なライフスキルをすべての子どもが学ぶこと、および、人生のなかで直面するであろう課題に向き合う用意が整わないまま学校を離れる子どもが1人もいないようにすることを確保することも、目的としなければならない。基本的なスキルには、読み書きおよび計算の能力だけではなくライフスキルも含まれる。ライフスキルとは、十分にバランスのとれた決定を行い、紛争を非暴力的に解決し、健全なライフスタイル、良好な社交関係および責任感を発達させる能力であり、批判的に考える方法であり、創造的な才能であり、かつ、人生の選択肢を追求するために必要な手段を子どもに与えるその他の能力などのことである。

10.条約第2条に列挙されたいずれの事由に基づく差別も、公然の差別であれ隠れた差別であれ、子どもの人間としての尊厳を傷つけるものであり、かつ教育上の機会から利益を受ける子どもの能力を阻害し、ひいては破壊さえする力を有している。子どもが教育上の機会にアクセスすることの否定は第一義的には条約第28条に関わる問題であるが、第29条第1項に掲げられた原則を遵守しないことも、多くのかたちで同様の効果を発揮しうるのである。極端な例を挙げれば、ジェンダー差別は、ジェンダーの平等の原則に一致しないカリキュラムのような慣行によって、提供された教育上の機会から女子が得ることのできる利益を制限するような体制によって、および女子の参加を抑制するような危険なまたは不利な環境によって、強化されうる。障害を持った子どもに対する差別も、正規の教育制度の多くで、および家庭を含むインフォーマルな教育環境のきわめて多くで幅を利かせているものである4)。HIV・エイズに感染した子どもも、どちらの環境においても重大な差別を受けている5)。このような差別的慣行はすべて、教育は子どもの人格、才能ならびに精神的および身体的能力を最大限可能なまで発達させることを志向しなければならないという第29条第1項の要件に、直接矛盾するものである。

11.委員会はまた、第29条第1項と、人種主義、人種差別、排外主義および関連の不寛容に対する闘いとの間につながりがあることも強調したい。人種主義およびそれに関連する諸現象は、無知が、人種的、民族的、宗教的、文化的および言語的違いもしくはその他の形態の違いが、偏見の悪用が、または歪んだ価値観の教育もしくは宣伝が存在するところで盛んになる。このようなあらゆる失敗に対する、信頼のおけるかつ持続的な解毒剤は、違いに対する尊重を含む、第29条第1項に反映された価値観の理解および正しい認識を促進し、かつ差別および偏見のあらゆる側面に異議を唱えるような教育を提供することである。したがって、教育は、人種主義およびそれに関連する現象の諸悪に反対するあらゆるキャンペーンにおいて最高の優先事項のひとつとされるべきである。人種主義が歴史的にどのように実践されてきたか、および、とくにそれが問題の地域社会でどのように現出しているか（または現出してきたか）について教えることの重要性も、重視されなければならない。人種主義的な行動は「ほかの誰か」だけが携わっているものではない。したがって、人権および子どもの権利ならびに差別の禁止の原則について教える際は、子ども自身の地域社会に焦点を当てることが重要である。そのような教育は、人種主義、民族差別、排外主義および関連の不寛容の防止および根絶に効果的に寄与することができる。

---

4) 経済的、社会的および文化的権利に関する委員会の、障害者に関する一般的意見5（1994年）参照。
5) 「HIV・エイズが存在する世界で暮らす子ども」に関する一般的討議の日（1998年）の後に子どもの権利委員会が採択した勧告（UN doc. A55/41 (2000), para.1536）参照。

12.第4に、第29条第1項は教育に対するホリスティックなアプローチを強調している。このようなアプローチは、利用可能とされる教育上の機会において、身体的、精神的、霊的および情緒的側面、知的、社会的および実際的側面ならびに子ども期と人生全体の側面のそれぞれを促進することの間で適切なバランスが反映されることを確保するものである。教育の全般的な目的は、自由な社会に全面的にかつ責任をもって参加するための子どもの能力および機会を最大限に増進することにある。知識を蓄積することに主たる焦点を当て、競争を煽り、かつ子どもへの過度な負担につながるようなタイプの教育は、子どもがその能力および才能の可能性を最大限にかつ調和のとれたかたちで発達させることを深刻に阻害する可能性があることが、強調されなければならない。教育は、個人としての子どもにきっかけおよび動機を与えるような、子どもにやさしいものであるべきである。学校は、人間的な雰囲気を醸成し、かつ子どもがその発達しつつある能力に従って成長できるようにすることが求められる。

13.第5に、第29条第1項は、条約に掲げられた一連の特定の倫理的価値観を統合的かつホリスティックに促進および強化するような方法で(平和、寛容、および自然環境の尊重のための教育を含む)、教育が立案および提供されなければならないことを強調している。そのためには、学際的なアプローチが必要になるかもしれない。第29条第1項の価値観を促進および強化する際には、それがどこかよその問題のために必要であるというだけではなく、子ども自身の地域社会で生じている問題にも焦点を当てなければならない。この点に関する教育は家庭で行われるべきであるが、学校および地域社会が果たさなければならない役割も重要である。

たとえば、自然環境の尊重を発展させるためには、教育は、環境および持続可能な発展の問題と社会経済的、社会文化的および人口動態的問題とを結びつけなければならない。同様に、子どもは自然環境の尊重を家庭、学校および地域社会で学ぶべきであり、そこでは国内の問題も国際的問題も包含されるべきであり、かつ地方、地域または地球規模の環境プロジェクトに子どもを積極的に関与させるべきである。

14.第6に、第29条第1項は、その他のあらゆる人権を促進しかつその不可分性を理解するうえで、教育上の適切な機会が果たすべき、非常に重要な役割を反映したものである。自由な社会に全面的にかつ責任をもって参加する子どもの能力は、教育へのアクセスを真っ向から否定することによってのみならず、本条で認められた価値観の理解を促進しないことによっても損なわれ、または阻害されうる。

(c) 人権教育

15.第29条第1項は、1993年のウィーン世界人権会議が呼びかけ、かつ国際機関が促進しているさまざまな人権教育プログラムの礎石と捉えることもできる。にもかかわらず、このような活動の文脈において、子どもの権利は必ずしも本来必要とされるほど注目されてはこなかった。人権教育においては、人権条約の内容に関する情報が提供されるべきである。しかし子どもは、人権基準が家庭であれ学校であれ地域社会であれ、実際に実施されるのを目にすることを通じても、人権について学ぶべきなのである。人権教育は包括的な、生涯にわたるプロセスであるべきであり、かつ、子どもの日常的な生活および経験における人権の価値観を振り返るところから開始されるべきである[6]。

16.第29条第1項に体現された価値観は、

---

[6] 人権教育のための国連10年を布告した総会決議69/184(1994年12月23日採択)参照。

平和な地域で生活している子どもにも関連するものの、紛争または非常事態の状況下で生活している子どもにとってはさらにいっそう重要となる。「ダカール行動枠組み」が記しているように、「教育制度が紛争、天災および不安定の影響を受けている」文脈においては、教育プログラムが「相互理解、平和および寛容を促進し、かつ暴力および紛争を防止する一助となるような方法で」行われることが重要である7)。国際人道法に関する教育は第29条第1項を実施する努力の重要な一側面であるが、顧慮されないことがあまりにも多い。

(d) 実施、モニタリングおよび審査

17. 本条に反映された目的および価値観は非常に一般的に述べられており、その意味するところは潜在的にはきわめて広範である。多くの締約国は、このことにより、立法または行政命令に関連の原則が反映されることを確保するのは不必要である、ひいては不適切でさえあると考えているように思われる。このような考え方には正当な根拠がない。国内法または国内政策で正式かつ具体的に支持されることがなければ、関連の原則が真に教育政策に染みわたるようなかたちで用いられる、または用いられるようになる可能性は低いように思われる。したがって委員会は、すべての締約国に対し、これらの原則をあらゆるレベルの教育政策および教育立法に正式に編入するために必要な措置をとるよう呼びかけるものである。

18. 第29条第1項を効果的に促進するためには、そこに掲げられた教育のさまざまな目的を含めるためにカリキュラムを根本的に策定し直すこと、および、教科書その他の教材および教育技術ならびに学校方針を体系的に改訂することが求められる。深い部分での変化を奨励することなく、関連の目的および価値観を現行制度に覆いかぶせようとしかしないアプローチでは、明らかに不十分である。関連の価値観をいっそう幅広いカリキュラムに効果的に統合し、かつそうすることによってそのような幅広いカリキュラムに一致したものにすることは、その価値観を伝え、促進し、教え、かつできるかぎり具現することを期待されている人々自身がその重要性を確信することがなければ、望めない。したがって、第29条第1項に反映された原則を促進するような事前研修および現職者研修の計画を、教員、教育管理者および子どもの教育に従事するその他の人々を対象として行うことが不可欠となる。また、学校で用いられる教育方法が子どもの権利条約の精神および教育理念ならびに第29条第1項に掲げられた教育の目的を反映したものであることも、重要である。

19. 加えて、学校環境そのものが、第29条第1項(b)および(d)で求められている自由およびすべての諸人民間、民族的、国民的および宗教的集団間ならびに先住民間の理解、平和、寛容、性の平等および友好の精神を反映していなければならない。いじめまたはその他の暴力的および排他的な慣行を容認する学校は、第29条第1項の要件を満たす学校ではない。「人権教育」という用語が、その意味するところをきわめて過剰に単純化する方法で用いられることがあまりにも多すぎる。必要なのは、正規の人権教育に加え、学校および大学のなかだけではなくいっそう幅広い地域社会のなかで、人権に資する価値観および政策を促進することなのである。

20. 一般的にいって、条約上の義務に従って締約国が行うことを求められるさまざまな取組みは、第42条の規定に従って条約本文そのものが広範に普及されることがなければ、十分な土台を欠くことになろう。そ

---

7)「万人のための教育―私たちの集団的誓約を果たすには」(UN Doc. ED-2000/CONF/211/1)。

のような普及は、自分たちの日常生活のなかで子どもの権利を促進および擁護する者として行動する子どもの役割を促進することにもなるはずである。いっそう幅広い普及を促進するため、締約国はこの目的を達成するためにとった措置について報告するべきであり、人権高等弁務官事務所は、これまでに制作された各言語版の条約の包括的なデータベースを構築するべきである。

21.広義のメディアも、第29条第1項に反映された価値観および目的を促進するうえでも、この目的を促進しようとする他者の努力がメディアの活動によって阻害されないことを確保するうえでも、中心的な役割を有する。政府には、第17条(a)に従って、「マスメディアが、子どもにとって社会的および文化的利益が……〔ある〕情報および資料を普及することを奨励する」ためにあらゆる適切な措置をとる条約上の義務がある8)。

22.委員会は、動的なプロセスとしての教育に対し、かつ第29条第1項に関わる長期的変化を図る手段を立案することに対し、いっそうの注意を向けるよう締約国に呼びかける。すべての子どもが質の高い教育を受ける権利を有しているということは、ひいては、学習環境の質、教育および学習のプロセスおよび教材の質、ならびに学習の結果として生み出されるものの質に焦点を当てることが求められているということである。委員会は、どのような進展が見られたかを評価する機会を提供してくれるような調査が重要であることに留意する。そのような調査は、現在学校に行っている子どもまたは行っていない子ども、教員および青少年指導者、親ならびに教育管理者および教育監督者を含む、そのプロセスに関与するすべての関係者の意見を考慮した結果に基づくものでなければならない。この点に関して、委員会は、子ども、親および教員が教育に関わる決定に意見を言えることを確保するよう努める、国レベルのモニタリングの役割を強調するものである。

23.委員会は、締約国に対し、第29条第1項に列挙された目的の実現を促進およびモニターする包括的な国内行動計画を策定するよう呼びかける。子どものための国内行動計画、国内人権行動計画または国内人権教育戦略といういっそう大きな流れのなかでそのような計画が作成されるのであれば、政府は、それでもそのような計画が第29条第1項で扱われているすべての問題に対応すること、および子どもの権利の視点からそうすることを確保しなければならない。委員会は、教育政策および人権教育に関心をもつ国際連合その他の国際機関が、第29条第1項の実施の効果を増進させられるように調整の改善に努めるよう促すものである。

24.本条に反映された価値観を促進するプログラムの立案および実施は、さまざまなパターンの人権侵害が生ずるほとんどすべての状況に対して、政府が標準的に行う対応の一環とされなければならない。したがって、たとえば、人種主義、人種差別、排外主義および関連の不寛容の大規模な事件が生じ、かつそこに18歳未満の者が関与していた場合、政府が、条約一般およびとくに第29条第1項に反映された価値観を促進するためにやるべきことをすべてやっていなかったと推定するのは妥当である。したがって、第29条第1項に基づく適切な追加的措置がとられなければならない。そのような措置には、条約で認められた権利を達成するうえで積極的な効果を及ぼす可能性のあるあらゆる教育技法についての調査研究、およびそのような教育技法の採用が含まれる。

25.締約国は、現行の政策または実践が第29条第1項に一致していないという苦情申立に対応する審査手続の設置も検討す

---

8)委員会は、これとの関連で、「子どもとメディア」に関する一般的討議の日(1996年)から生まれた勧告を想起する。A/53/41 (1998), para.1396 参照。

るべきである。そのような審査手続は、かならずしも法律上、行政上または教育上の新たな機関の創設を伴う必要はない。国内人権機関または既存の行政機関にそのような手続を委ねることも可能であろう。委員会は、各締約国に対し、本条について報告する際に、条約と両立しないと主張される現行アプローチを見直す真の可能性が国および地方のレベルにどのぐらい存在しているか特定するよう要請する。そのような審査をどのように開始することができ、かつ報告対象期間にそのような審査手続が何件行われたかについても、情報を提供するべきである。

26. 第29条第1項を扱っている締約国報告書の審査プロセスでいっそう焦点を明確にするため、かつ「報告には、……要因および障害……を記載する」ことを求めた第44条の要件に従って、委員会は、各締約国に対し、その定期報告書のなかで、本規定に反映された価値観を促進するためのいっそう協調のとれた努力が求められる、締約国の管轄内で最も重要な優先順位であると考えているものは何かを詳細に示し、かつ、特定された問題に対応するため以後5年間で行うことを提案している活動プログラムの概要を述べるよう要請する。

27. 委員会は、条約第45条でその役割が強調されている国際連合機関およびその他の権限ある機関に対し、第29条第1項に関わる委員会の活動にいっそう積極的かつ体系的に貢献するよう呼びかける。

28. 第29条第1項の遵守を増進させるための包括的な国内行動計画の実施には、人的資源および財源が必要とされよう。そのような資源は、第4条に従って、最大限可能な範囲で利用可能とされなければならない。したがって委員会は、資源の制約は、求められている措置を締約国がまったくまたは十分にとらないことを正当化する理由にはならないと考える。この文脈において、かつ国際協力を一般的にも（条約第4条および第45条）教育との関連でも（第28条第3項）促進および奨励する締約国の義務に照らし、委員会は、開発協力を提供している締約国に対し、自国のプログラムが第29条第1項に掲げられた原則を全面的に考慮するかたちで立案されることを確保するよう促すものである。

(訳：平野裕二／ARC代表)

資料3

自由権規約委員会
一般的意見29(2001)
緊急事態(第4条)

第72会期
2001年7月24日採択
CCPR/C/21/Rev.1/Add.11

1.規約第4条は、規約に基づく人権保障システムにとって最も重要な性格をもつ。第4条は、締約国が、一方的に規約に基づく義務の一部からデロゲーション(編集注：公の緊急事態の場合……締約国は……義務に違反する(derogate)措置をとることができる──第4条公定訳より)を一時的に行うことを許容している。その一方で、第4条は、デロゲーションによる重大な結果と、デロゲーションというまさにその手段の双方を、特定の保障措置制度に従わせている。規約の完全な尊重が再度保障されうる正常な状態への回復は、規約からデロゲーションする締約国にとって、なによりも優越する目標でなければならない。本一般的意見は、委員会の第13会期(1981年)で採択された一般的意見5に代わるものであり、委員会は、締約国が第4条の要請を満たすことができるように援助することを追求する。

2.規約の規定からデロゲーションする手段は、例外的かつ一時的な性質でなければならない。締約国は、第4条を援用する前に、次の2つの条件を満たさなければならない。つまり、状況が国民の生存を脅かす公の緊急事態になっていること、そして締約国がその緊急事態を公式に宣言しなければならないということである。この2番目の条件は、そのような時期に最も必要とされる合法性の原則と法の支配の原則の維持にとって必須である。締約国は、その結果として規約の規定からのデロゲーションへとつながりうる緊急事態を宣言する際、かかる宣言と緊急事態の権力の行使とを規定する自国の憲法、およびその他の国内法の規定の範囲で行動しなければならない。そして、かかる法規が規約第4条の遵守を可能にし、かつ確実なものとするかどうかを監視することが、委員会の任務である。委員会のかかる任務の遂行を可能とするために、規約の締約国は、第40条に基づく報告書の中で、緊急事態における権力についての法律と実行に関する十分かつ正確な情報を記載しなければならない。

3.すべての騒乱または大災害が、第4条第1項が要件とする国民の生存を脅かす公の緊急事態とされるわけではない。武力紛争が国際的なものであろうと、国内的なものであろうと、その間は国際人道法の規則が適用可能となり、そして規約第4条、および第5条第1項の規定とともに、国家の緊急時における権力の濫用を防止することに役立つ。規約は、武力紛争時においてさえも、規約からデロゲーションする措置は、事態が国民の生存を脅かす場合にのみ、そしてその程度において許容されていることを要請する。締約国が、武力紛争時以外の状況において規約第4条を援用する場合、締約国はその正当性(justification)と、なぜそのような状況でのかかる措置が必要かつ正統(legitimate)なものであるかを慎重に考慮し

131

なければならない。委員会は、いくつかの国家報告書審査において、第4条が対象としない状況において規約が保護する権利からのデロゲーションを行っていることが明らかになった締約国、またはデロゲーションを国内法が許容していると明らかになった締約国に対して懸念を表明してきた1)。

4.第4条第1項が定めるような、規約からデロゲーションする措置に対する基本的な要請は、かかる措置が、事態の緊急性が真に必要とする限度において制限されていることである。この要請は、緊急事態の期間、地理的範囲、および実質的規模、ならびに緊急性を理由としてなされたデロゲーションのあらゆる手段に関連する。緊急事態における規約の義務からのデロゲーションは、規約のいくつかの条項に基づいて通常時でさえも認められる制限とは明確に異なる2)。にもかかわらず、デロゲーションを事態の緊急性が真に必要とするところに制限することを義務とするのは、デロゲーションの行使と権利制限の行使に共通する均衡性の原則を反映したものである。さらにそのうえ、許容される特定の条項からのデロゲーションが自動的に、事態の緊急性によって正当化されるという事実だけでは、デロゲーションによってとられた特定の措置もまた、事態の緊急性により必要とされるものであることが示されなければならないという要請を除去することはない。実際、このことにより、いくら有効に規約の規定からデロゲーションできたとしても、それらの規定が締約国の行動に完全に適用されないわけではないことが確保されるだろう。委員会は、締約国の報告書を審査する際、均衡性の原則に払われる注意が不十分であることに懸念を表明してきた3)。

5.権利からデロゲーションできるのがいつか、そしてそれはどの程度できるのかという問題は、規約第4条第1項の規定から離れて考えることはできない。規約第4条第1項によれば、規約に基づく締約国の義務からデロゲーションするいかなる措置も、「事態の緊急性が真に必要とする限度」に制限されている。この制限によって、締約国は、緊急事態の宣言の決定だけでなく、かかる宣言に基づく特定の措置に対しても、慎重な正当化を要請されている。たとえば、自然災害、暴力を伴う大規模デモンストレーション、または大規模な産業災害が生じた際に、締約国が、規約からデロゲーションする権利を行使しようとするならば、締約国は、かかる事態が国民の生存を脅かすものであることだけでなく、規約からデロゲーションする措置のすべてが事態の緊急性により真に必要とされるものであることについても、十分な根拠を示さなければならない。委員会の意見では、たとえば、移動の自由（第12条）、または集会の自由（第21条）の規定のような条件に従って、ある規約の権利を制限することの可能性はかかる事態の間においては一般的に適切であり、そして事態の緊急性により当該規定からデロゲーションすることは正当化されない。

6.規約のいくつかの規定がデロゲーションすることができないものとして第4条第2項で列挙されている。この事実をもって、規約の他の規定を随意にデロゲーションすることができると解することは、国民の生存が脅かされている場合でさえできない。すべてのデロゲーションは、事態の緊急性が真に必要とする状況に限定されなければならないとする法的な義務によって、締約国と委員会の

---

1)次のコメント、および総括所見を見よ。タンザニア連合共和国 (1992), CCPR/C/79/Add.12, para. 7; ドミニカ共和国 (1993), CCPR/C/79/Add.18, para. 4; グレートブリテンおよび北アイルランド連合王国 (1995), CCPR/C/79/Add.55, para. 23; ペルー (1996), CCPR/C/79/Add.67, para. 11; ボリビア (1997), CCPR/C/79/Add.74, para. 14; コロンビア (1997), CCPR/C/79/Add.76, para. 25; レバノン (1997), CCPR/C/79/Add.78, para. 10; ウルグアイ (1998), CCPR/C/79/Add.90, para. 8; イスラエル (1998), CCPR/C/79/Add.93, para. 11.
2)たとえば、規約第12条および第19条を見よ。
3)たとえば、次の総括所見を見よ。イスラエル (1998) CCPR/C/79/Add.93, para. 11.

双方が、実際の事態に対する客観的な評価に基づいて、規約の条項ごとに慎重な分析を行う義務を負うことは確立されている。

7.規約第4条第2項は、明示に次の条項からデロゲーションすることができないと規定する。それらはすなわち、第6条（生命に対する権利）、第7条（拷問、または残虐な、非人道的なもしくは品位を傷つける刑罰、または同意のない医学的もしくは科学的実験の禁止）、第8条第1項および第2項（奴隷制度、奴隷取引および隷属状態の禁止）、第11条（契約義務不履行による拘禁の禁止）、第15条（刑法分野における合法性の原則、すなわち犯罪が行われた後により軽い刑罰を科する規定が法律に設けられる場合を除いて、刑事責任と刑事罰の双方は、作為または不作為がなされた時点で制定され、適用されていた法律の明確かつ正確な規定によってのみ科される）、第16条（法律の前に人として認められる権利）、および第18条（思想、良心および宗教の自由）である。これらの規定に定められた権利は、第4条第2項に挙げられたというまさにその事実によってデロゲーションすることはできない。死刑の廃止をめざす規約の第2選択議定書の締約国には、同議定書第6条が規定するように同様のことが当てはまる。概念的には、規約の規定をデロゲーションできないものとして限定することは、制限の正当化が一切なされないことを意味するものではない。第4条第2項で第18条（第18条は、その第3項において特定の制限条項を有している）へ言及がなされていることは、許容しうる制限がデロゲーションの可能性の問題とは独立したものであることを示している。最も深刻な公の緊急事態においてでさえも、宗教または信念を表明する自由に干渉する締約国は、第18条第3項が明確に規定する制限に言及することで自らの行動を正当化しなければならない。委員会は、いく度か、第4条第2項に従ってデロゲーションできない権利が、締約国の法制度の不備により、デロゲーションまたはデロゲーションされる危険にあることについての懸念を表明してきた[4]。

8.第4条第1項によると、規約からのデロゲーションを正当化できる条件のうちのひとつは、とられる措置が、人種、皮膚の色、性、言語、宗教または社会的出身のみを理由とする差別を含んでいないということである。たとえ第26条または非差別に関する規約のほかの規定（第2条、第3条、第14条第1項、第23条第4項、第24条第1項、および第25条）が、第4条第2項のデロゲーションできない規定として挙げられていなくとも、いかなる状況下でもデロゲーションすることができない非差別に対する権利の要素または範囲がある。とくに、規約からデロゲーションする措置を用いる際に人々の間に区別が設けられたとしても、第4条第1項の規定は遵守されなければならない。

9.さらに、第4条第1項は、規約の規定からデロゲーションする措置が、締約国が国際法に基づき負う他の義務、とくに国際人道法の諸規則に抵触してはならないことを要請している。規約第4条を、締約国が負う他の国際的な義務が、条約に基づく義務であろうと一般国際法に基づく義務であろうと、その義務の違反を伴うような規約からのデロゲーションを正当化できるものとして読むことはできない。このことはまた、規約第5条第2項にも反映されている。規約第5条第2項によれば、他の法律文書によって認められている基本的権利については、規約がそれらの

---

[4] 次のコメント、および総括所見を見よ。ドミニカ共和国 (1993), CCPR/C/79/Add.18, para. 4; ヨルダン (1994) CCPR/C/79/Add.35, para. 6; ネパール (1994) CCPR/C/79/Add.42, para. 9; ロシア連邦 (1995), CCPR/C/79/Add.54, para. 27; ザンビア (1996), CCPR/C/79/Add.62, para. 11; ガボン (1996), CCPR/C/79/Add.71, para. 10; コロンビア (1997) CCPR/C/79/Add.76, para. 25; イスラエル (1998), CCPR/C/79/Add.93, para. 11; イラク (1997), CCPR/C/79/Add.84, para. 9; ウルグアイ (1998) CCPR/C/79/Add.90, para. 8; アルメニア (1998), CCPR/C/79/Add.100, para. 7; モンゴル (2000), CCPR/C/79/Add.120, para. 14; キルギスタン (2000), CCPR/CO/69/KGZ, para. 12.

権利を認めていないこと、またはその認める範囲がより狭いことを理由として、それらの権利を制限し、またはデロゲーションしてはならないと定めている。

10. 他の条約に基づく締約国の行為を審査することは人権委員会の任務ではないが、規約に基づく任務を行使する際に、委員会は、規約によって締約国が規約の特定の条項からデロゲーションすることが許されているかどうかを考慮するときに、締約国が負う他の国際義務を考慮に入れる権限を有する。したがって、締約国は第4条第1項を援用するとき、または緊急事態に関する法制度について第40条に基づいて報告するとき、問題となる権利の保護に関連する国際的な義務、とくに緊急事態において適用可能な締約国の義務に関する情報を提出しなければならない5)。この点で、締約国は、緊急事態に適用可能な人権基準に関する国際法における進展を十分に考慮しなければならない6)。

11. 第4条で規定されたデロゲーションできない規定は、一定の人権に対する義務が国際法の強行規範の性質を帯びているかどうかの問題と同一ではないものの、この問題と関連する。第4条第2項で、一定の規約の規定がデロゲーションできないと宣言されていることによって、規約において条約の形式で保護されるいくつかの基本的権利(たとえば、第6条と第7条)が強行規範であると部分的に認められたように考えられる。しかし、規約の他のいくつかの規定がデロゲーションできない規定の列挙に含まれている理由は、緊急事態の間、これらの権利(たとえば、第11条、および第18条)からデロゲーションする必要性が生じえないからである。さらに、強行規範の範疇は、第4条第2項で示されたデロゲーションできない規定の列挙より拡大している。締約国はあらゆる状況において、人道法、または国際法の強行規範に違反する行為を正当化するために規約第4条を援用することはできない。それらの行為は、たとえば人質をとる行為、集団に対する刑罰、身体の自由を恣意的に奪うこと、または無罪の推定を含む公正な裁判の基本原則からの逸脱などである。

12. 規約からのデロゲーションの正統性を評価する際、一定の人権侵害を人道に対する罪として定義していることに、1つの基準が見出しうる。国家の権威の下でなされた行為が、人道に対する罪に関する個人の刑事責任を構成するならば、規約第4条は緊急事態によって、当該国家をそれと同一の行為に関する国家責任から免責することを正当化するものとして援用されえない。したがって、裁判権の確立を目的とした、国際刑事裁判所に関するローマ規程における人道に対する罪に関する近年の法典化が、規約第4条を解釈する際に適切である7)。

13. 委員会の意見では、第4条第2項に挙

---

5) 子どもの権利に関する条約を参照せよ。同条約は、規約のほとんどすべての締約国によって批准されており、デロゲーション条項を含んでいない。同条約の第38条が明確に述べているように、同条約は緊急事態においても適用可能である。
6) 次を参照せよ。人道に対する最低基準(以下、「人道に関する基本原則[fundamental standards of humanity]」という)に関する人権委員会(the Commission on Human Rights)決議1998/29、1996/65、および2000/69に基づいて同委員会に提出された事務総長の報告書(E/CN.4/1999/92、E/CN.4/2000/94、およびE/CN.4/2001/91)。すべての事態に適用可能な基本権を特定しようとした早くからの試みとして、たとえば次のものがある。緊急事態における人権規範に関連するパリ最低基準原則(国際法協会、1984年)、市民的および政治的権利に関する国際規約における制限条項およびデロゲーション条項に関するシラクサ原則、人権と緊急事態に関する小委員会の特別報告者Leandro Despouy氏の最終報告書(E/CN.4/Sub.2/1997/19 and Add.1)、国内避難民に関する指導原則(E/CN.4/1998/53/Add.2)、最低人道基準に関するトゥルク原則(1990年、E/CN.4/1995/116)。継続中の作業のものとして、赤十字社、および赤新月社の第26回国際会議決議(1995)により、国際赤十字委員会が、国際的武力紛争および非国際的武力紛争に適用可能な国際人道法の慣習規則に関する報告書の準備を行っており、これを参照せよ。
7) 規程の第6条(ジェノサイド)、および第7条(人道に対する罪)を見よ。なお、同規程は、2001年7月1日までに35カ国によって批准された。規程の第7条で挙げられた特定の形態の行為の多くは、規約第4条第2項でデロゲーションできない規定として挙げられた人権侵害と直接関係している一方で、同規程の規定で定義された人道に対する罪の射程には、規約第4条第2項で述べられていない規約のいくつかの規定の違反を含んでいる。たとえば、第27条の一定の重大な違反は、同時に、ローマ規程の第6条に基づくジェノサイドを構成し、次に同規定の第7条は、規約の第6条、第7条、および第8条のほかに、第9条、第12条、第26条、および第27条にも関連する実行をその射程とする。

げられていない規約の規定のうちには第4条に基づいて合法的にデロゲーションできない要素がある。それらのいくつかを以下に例示する。

(a)自由を奪われたすべての者は、人道的に、かつ人間の固有の尊厳を尊重して取り扱われる。規約第10条で規定されたこの権利は、規約第4条第2項でデロゲーションできない権利の例として単独で述べられていないにもかかわらず、委員会はここに規約がデロゲーションできない一般国際法上の原則を述べていると信じる。このことは規約の前文が人間の固有の尊厳について触れていることと、第7条と第10条との深い関連性から支持される。

(b)人質をとる行為、誘拐、または認められない拘禁の禁止は、デロゲーションされることはない。これらの禁止の絶対的な性質は、緊急時においてさえもそれらが一般国際法の規範としての地位を持つことから正当化される。

(c)委員会はマイノリティに属する者の権利の国際的な保護が、あらゆる状況においても尊重されなければならない要素を含んでいるという意見である。このことは国際法において集団殺害が禁止されていることに反映されており、そして第18条のデロゲーションできない性質と同様に、第4条そのもの(第1項)に非差別条項が含まれていることに反映されている。

(d)国際刑事裁判所に関するローマ規程によって確認されているように、国際法に基づいて許容される理由なしに、排除またはその他の強制手段により、住民が合法的に存在する地域からその者を追放または強制移送することは、人道に対する罪を構成する8)。緊急事態の間、規約第12条からデロゲーションする正統な権利は、そうした措置を正当化するものとしては決して受容できない。

(e)第4条第1項に従ってなされる緊急事態の宣言は、締約国自身が第20条に反して戦争のための宣伝、または差別、敵意、もしくは暴力の煽動となる国民的、人種的、もしくは宗教的憎悪の唱導に関わることを正当化するためになされてはならない。

14.規約第2条第3項は、規約の締約国に規約の規定のいかなる侵害に対しても救済措置を提供することを要請している。この規定は第4条第2項のデロゲーションできない規定として挙げられていないが、規約全体に内在する条約の義務を構成する。緊急事態の間、そしてかかる措置が事態の緊急性により真に必要とされる限度において、締約国は司法的またはその他の救済措置に関する手続の実施機能を調整したとしても、締約国は効果的な救済措置を規定する規約第2条第3項に基づく基本的な義務を遵守しなければならない。

15.第4条第2項においてデロゲーションできないものとして明示的に認められた権利の保護に内在していることは、これらの権利が、手続的保障(これはしばしば、司法上の保障を含む)によって確実に保障されなければならないということである。手続的保障措置に関する規約の規定は、デロゲーションできない権利を保護する義務を回避する措置に決して服さない。第4条はデロゲーションできない権利をデロゲーションする結果となるような方法で援用することができない。したがって、たとえば、規約第6条はそのすべてがデロゲーションできないものであるから、緊急事態の間、死刑宣告を行う審理は第14条および第15条のすべての要請を含む規約の規定と合致したものでなければならない。

16.規約第4条で規定されているように、デロゲーションに関する保障措置は、規約

---

8)ローマ規定第7条第1項(d)、および第7条第2項(d)を見よ。

全体に内在する合法性の原則と法の支配に基づかなければならない。公正な審理を受ける権利の一定の要素は、武力紛争の間、国際人道法に基づいて明示的に保障されているので、委員会は他の緊急状況の間、これらの措置をデロゲーションすることは正当でないと考える。委員会は緊急事態の間、公正な審理の基本的な要請が尊重されなければならないことは、合法性の原則と法の支配により要請されているとの意見である。裁判所のみが刑事上の罪を審理し判決を下せる。無罪の推定は尊重されなければならない。デロゲーションできない権利を保護するために、裁判所が遅滞なく拘禁の合法性に対して決定することを可能とする裁判所の手続を受ける権利は、規約からデロゲーションする締約国の決定によって損なわれてはならないものである[9]。

17. 締約国は第4条第3項において、第4条のデロゲーションを行使するに際して、国際通報制度に服することを約束している。デロゲーションの権利を行使する締約国は、デロゲーションした規定、およびデロゲーションする措置に至った理由を国際連合事務総長を通じて他の締約国に直ちに通知しなければならない。このような通報は、とくに締約国の措置が事態の緊急性が真に必要とする限度においてとられたものかどうかを委員会が評価する任務を果たすうえで必須であるだけでなく、他の締約国に規約の規定の遵守を監視することを許容することを可能とするためにも必須である。過去に受けた通知の多くが簡略であったことを考慮したうえで、委員会は、当該法律を付したすべての文書とともに、とられた措置、およびその理由の明確な説明についての完全な情報を締約国がその通知に含めていなければならないことを強調する。緊急事態の期間が延長するような場合など、締約国が第4条に基づいてさらなる措置を継続してとったならば追加的な通知が要請される。直ちに通知しなければならない要請は、デロゲーションの終了に関しても同様に適用される。これらの義務は必ずしもつねに尊重されてきたわけではない。つまり締約国は、事務総長を通じて、緊急事態の宣言、および規約の1つまたはそれ以上の規定をデロゲーションしたことによってとられた措置について通知してきていない。そして締約国はしばしば国家緊急権の行使がなされている領域またはその他の変更についての通知を提出することを怠ってきた[10]。緊急事態の存在と締約国が規約の規定からデロゲーションしているのかどうかについて、締約国の報告書審査の際に、偶然委員会の知るところとなったこともあった。委員会は、締約国が規約に基づく義務からデロゲーションする措置をとった場合は必ず、直ちに国際的な通知の義務が存在することを強調する。締約国の法律と実行が第4条に従ったものかを監視する委員会の責務は、締約国が通知を提出しているかどうかに依るのではない。

(訳：藤本晃嗣／大阪大学大学院
国際公共政策研究科博士課程)

---

9) 次の委員会のイスラエルに対する1988年の総括所見（CCPR/C/79/Add.93）の第21パラグラフを見よ。「……委員会は行政拘禁（administrative detention）の現在の適用は、公の緊急事態の場合においてデロゲーションが許されない、規約の第7条、および第16条と両立していないと考える。……しかしながら、委員会は、締約国が拘禁に対する効果的な司法審査の要請から離脱できないことを強調する」。次の、規約の第3議定書草案に関する、差別防止および少数者保護に関する小委員会に対しての委員会の勧告も、また見よ。「委員会は、人身保護令状（habeas corpus and amparo）を受ける権利は、緊急事態において制限されてはならないと締約国間で一般的に理解されていることに満足している。さらにその上、委員会は、第9条第3項、および第4項で規定された救済措置を第2条と関連して読みこむことは、規約全体として本質的なこと（inherent）であるという意見である」（総会公式記録、第49会期、補遺No. 40 (A/49/40), vol. I, annex XI, para. 2.）。
10) 次のコメント、および総括所見を見よ。ペルー（1992）CCPR/C/79/Add.8, para. 10; イスラエル（1993）CCPR/C/79/Add.21, para. 11; エジプト（1993）CCPR/C/79/Add.23, para. 7; カメルーン（1994）CCPR/C/79/Add.33, para. 7; ロシア連邦（1995）, CCPR/C/79/Add.54, para. 27; ザンビア（1996）, CCPR/C/79/Add.62, para. 11; レバノン（1997）, CCPR/C/79/Add.78, para. 10; インド（1997）, CCPR/C/79/Add.81, para.19; メキシコ（1999）, CCPR/C/79/Add.109, para. 12。

資料4

社会権規約委員会・総括所見 日本
経済的、社会的および文化的権利に関する委員会（社会権規約委員会）

第26（特別）会期
2001年8月13日〜31日
E/C.12/1/Add.67 2001年9月24日

1.経済的、社会的および文化的権利に関する委員会は、2001年8月21日に開かれた第42回および第43回会合（E/C.12/2001/SR.42 and 43）において、経済的、社会的および文化的権利に関する国際規約の実施についての日本の第2回定期報告書（E/1990/6/Add.21）を検討し、2001年8月30日に開かれた第56回会合（E/C.12/2001/SR.56）において以下の総括所見を採択した。

A.序

2.委員会は、締約国の第2回定期報告書を歓迎する。当該報告書は、全体としては委員会のガイドラインに一致したものである。委員会は、規約に関連する問題についての専門家から構成された代表団との開かれたかつ建設的な対話を、および委員会が行なった質問に答えようとした代表団の前向きな姿勢を歓迎する。

B.積極的な側面

3.委員会は、締約国が、世界第2位の経済規模を有する、世界でもっとも発展した国のひとつであること（UNDP〔国際連合開発計画〕の人間開発指数にもとづく序列で第9位）、および、自国の市民の大多数を対象として経済的、社会的および文化的権利の高度な享受を達成してきたことに、留意する。

4.委員会はまた、絶対額の面では締約国が世界で最大の援助供与国であり、GNPの0.27パーセントを政府開発援助（ODA）に配分していること、かつその40パーセントが規約に掲げられた権利に関連する分野に振り向けられていることにも留意する。

5.委員会は、国際連合および経済協力開発機構のような国際的な場を背景として経済的、社会的および文化的権利の促進のための国際協力を促進するうえで締約国が果たしている重要な役割を認識する。

6.委員会は、締約国が委員会に対する報告書の作成に非政府組織を関与させ始めていることに評価の意とともに留意する。

7.委員会は、締約国が男女平等を促進するための措置をとっており、かつ2000年には「男女共同参画基本計画」を策定したことに留意する。

8.委員会は、「児童買春、児童ポルノに係る行為等の処罰及び児童の保護等に関する法律」（1999年）、「ストーカー行為等の規制等に関する法律」（2000年）、「児童虐待の防止等に関する法律」（2000年）および「配偶者からの暴力の防止及び被害者の保護に関する法律」（2001年）という、女性および子どもを暴力からいっそう保護することを目的とした締約国の最近の措置を歓迎する。委員会はまた、裁判手続中に児童虐待および性犯罪の被害者を保護することを目的とした刑事訴訟法の改正（2001年）、および「児童の商業的性的搾取に反対する国内行動計画」の策定（2001年）も歓迎するものである。

9.委員会は、1995年の阪神淡路大震災

137

の被害に対応するため締約国が相当の努力を行なってきたこと、および、国、広域行政圏および地方の公的機関が迅速に対応し、膨大な人数の被災者を対象として仮設住宅および恒久住宅を建設してきたことに留意する。

C.主要な懸念事項

10.委員会は、規約の規定の多くが憲法に反映されているにもかかわらず、締約国が国内法において規約の規定を満足のいく方法で実施していないことを懸念する。委員会はまた、規約の規定が、立法および政策立案の過程で充分に考慮されておらず、かつ立法上もしくは行政上の提案または国会における議論でめったに言及されないことも懸念するものである。委員会はさらに、規約のいずれの規定も直接の効力を有しないという誤った根拠により、司法決定において一般的に規約が参照されないことに懸念を表明する。締約国がこのような立場を支持し、したがって規約上の義務に違反していることはさらなる懸念の対象である。

11.委員会は、規約第7条(d)、第8条2項ならびに第13条2項(b)および(c)に対する留保を撤回する意思を締約国が有していないことを、とくに懸念する。このような姿勢は、締約国はすでに上記条項に掲げられた権利の実現を大部分達成しているという主張にもとづくものであるが、委員会が受け取った情報は、これらの権利の全面的実現がいまなお保障されていないことを明らかにしている。

12.委員会は、締約国が、差別の禁止の原則は漸進的実現および「合理的な」または「合理的に正当化しうる」例外の対象になると解釈していることに懸念を表明する。

13.委員会は、とりわけ雇用、居住および教育の分野において、日本社会のマイノリティ集団ならびにとくに部落の人々、沖縄の人々、先住民族であるアイヌの人々および韓国・朝鮮人に対する法律上および事実上の差別が根強く残っていることを懸念する。

14.委員会はまた、とくに相続権および国籍の権利の制限との関連で、婚外子に対する法的、社会的および制度的差別が根強く残っていることも懸念する。

15.委員会は、日本社会において、職業上の立場および意思決定に関与する立場(代議制の政治機関、公的サービスおよび行政ならびに民間部門のいずれをも含む)に関して、女性に対する差別が広く行なわれていることおよびいまなお事実上の男女の不平等が存在することに、懸念を表明する。

16.委員会は、2001年に国内法が採択されたにもかかわらず、ドメスティック・バイオレンス、セクシャル・ハラスメントおよび子どもの性的搾取が根強く生じていることに関して懸念を表明する。

17.委員会はまた、同一価値労働に対する賃金に関してひきつづき事実上の男女格差が存在すること、および、とくに、女性を主として事務職として雇用し、専門職に昇格する機会をほとんどまたはまったく与えないという慣行が多くの企業で根強く行なわれていることも、懸念する。このような不平等は、1997年の男女雇用機会均等法改正のような、締約国がとった立法上、行政上その他の措置にもかかわらず根強く残っているものである。

18.委員会は、強制労働廃止条約(1957年、第105号)、雇用および職業における差別に関する条約(1958年、第111号)および先住民族および種族民に関する条約(1989年、第169号)のようないくつかの重要なILO〔国際労働機関〕条約を締約国が批准していないことを懸念する。

19.委員会は、締約国が、公共部門および民間部門のいずれにおいても過度な長時間労働を容認していることに重大な懸念を表明する。

20.委員会は、45歳以降、労働者が減給され、または場合によって充分な補償もなく

解雇される危険性が高まることに懸念を表明する。

21.委員会は、教職員を含め、たとえ政府の必須業務に携わっていない者であっても公共部門のすべての被雇用者およびすべての公務員のストライキが全面的に禁止されていることを懸念する。これは、人事院および人事委員会という代替的制度が存在していても、規約第8条2項（締約国は本条項に留保を付している）および結社の自由および団結権の保護に関するILO第87号条約に違反するものである。

22.委員会は、原子力発電所で事故が生じているとの報告があること、そのような施設の安全性に関して透明性が欠けておりかつ必要な情報公開が行なわれていないこと、および、原子力事故の防止および処理に関して全国規模および地域規模で事前の備えが行なわれていないことを、懸念する。

23.委員会はまた、受給年齢を60歳から65歳に段階的に引き上げるという最近の公的年金制度改革がもたらす影響も懸念する。定年年齢と公的年金受給年齢が一致しない場合、65歳前に退職しなければならない者は所得を失う可能性がある。

24.委員会はさらに、最低年金額が定められていないこと、および、年金制度に事実上の男女格差が残っており、そのため男女の所得格差が固定化されていることを、懸念する。

25.委員会は、とくに労働権および社会保障の権利との関係で、法律上および実際上、障害のある人々に対する差別がひきつづき存在していることに懸念とともに留意する。

26.委員会は、主として民間の資金によって財源を得ているアジア女性基金によって戦時の「従軍慰安婦」に提供された補償金が、当事者の女性から受入れ可能な措置と見なされていないことに懸念を表明する。

27.委員会は、阪神淡路大震災ののち兵庫県が計画および遂行した大規模な再定住プログラムにもかかわらず、もっとも大きな影響を受けた層がかならずしも充分な協議の対象とされず、その結果、ひとり暮らしの多くの高齢者が現在、個人的な注意をほとんどまたはまったく向けられないまま、まったく馴染みのない環境下で生活していることを懸念する。家族を失った人々に対しても、精神的または心理的治療がほとんどまたはまったく提供されていない模様である。再定住した60歳以上の被災者の多くは、コミュニティ・センターがなく、保健所を利用できず、かつ外来看護を受けることができないでいる。

28.委員会は、阪神淡路地域に住む地震の被災者の貧困層にとって、住宅再建資金の調達がますます困難なものとなりつつあることに懸念とともに留意する。自宅を再建できないまま、すでに負っている住宅ローンを清算するために資産売却を余儀なくされた人々も存在する。

29.委員会は、全国に、とくに大阪・釜ヶ崎地域にホームレスの人々が多数存在することを懸念する。委員会はさらに、締約国がホームレス問題と闘うための包括的な計画を定めていないことを懸念するものである。

30.委員会はまた、強制立退き、とりわけホームレスの人々のその仮住まいからの強制立退き、およびウトロ地区において長期間住居を占有してきた人々の強制立退きについても懸念する。これとの関連で、委員会は、裁判所の仮処分命令手続において、裁判所がいかなる理由も示さずに仮の立退き命令を発することができ、かつ当該命令が執行停止の対象とされないという手続の略式性をとりわけ懸念するものである。このことにより、いかなる不服申立権も意味のないものとなり、かつ仮の立退き命令が実際上は確定命令となってしまう。これは委員会が一般的意見第4号および第7号で確立した指針に違反するものである。

31.委員会は、あらゆる段階の教育がしばしば過度に競争主義的でストレスに満ちたも

のとなっており、その結果、生徒の不登校、病気、さらには自殺すら生じていることを懸念する。

　32.委員会は、マイノリティの子どもにとって、自己の言語による教育および自己の文化に関する教育を公立学校で享受する可能性がきわめて限られていることに懸念を表明する。委員会はまた、朝鮮学校のようなマイノリティの学校が、たとえ国の教育カリキュラムを遵守している場合でも公的に認められておらず、したがって中央政府の補助金を受けることも大学入学試験の受験資格を与えることもできないことについても、懸念するものである。

E.提案および勧告

　33.委員会は、締約国に対し、規約から派生する法的義務に対する立場を再検討すること、および、一般的意見第13号および第14号を含む委員会の一般的意見で述べられているように、少なくとも中核的義務との関係では規約の規定を実際上直接適用が可能なものと解釈することを、促す。さらに、規約の規定が立法上および行政上の政策ならびに意思決定過程で考慮にいれられることを確保するため、締約国が環境影響評価〔環境アセスメント〕と同様の「人権影響評価」その他の措置を導入することも奨励されるところである。

　34.委員会は、締約国に対し、規約第7条(d)、第8条2項ならびに第13条2項(b)および(c)への留保の撤回を検討するよう促す。

　35.委員会はまた、締約国が、規約に関する知識、意識および規約の適用を向上させるため、裁判官、検察官および弁護士を対象とした人権教育および人権研修のプログラムを改善するようにも勧告する。

　36.経済的、社会的および文化的権利を促進および保護するために締約国がとった措置は評価しながらも、委員会は、締約国に対し、ウィーン宣言および行動計画第2部71項にしたがって、開かれた協議のプロセスを通じて包括的な国内行動計画を採択するよう促す。委員会は、締約国に対し、第3回定期報告書に国内行動計画の写しを添付し、かつ当該計画がどのように経済的、社会的および文化的権利を促進および保護しているか説明するよう要請するものである。

　37.委員会は、締約国に対し、発展途上国に国際援助を提供するためいっそうの努力を行なうこと、および、国際連合が設定し、国際的に受け入れられた対ＧＮＰ比0.7パーセントという目標を達成する期限を定めるよう促す。委員会はまた、締約国に対し、国際金融機関とくに国際通貨基金および世界銀行の加盟国として、これらの機関の政策および決定が規約締約国の義務、とりわけ国際援助および国際協力に関わる第2条1項、第11条、第15条、第22条および第23条に掲げられた義務に一致することを確保するため、可能なあらゆることを行なうようにも奨励するものである。

　38.委員会は、締約国が国内人権機関の設置を提案する意向を示したことを歓迎し、締約国に対し、可能なかぎり早期に、かつ1991年のパリ原則および委員会の一般的意見第10号にしたがって同機関を設置するよう促す。

　39.委員会は、締約国に対し、規約第2条2項に掲げられた差別の禁止の原則は絶対的な原則であり、客観的な基準にもとづく区別でないかぎりいかなる例外の対象ともなりえないという委員会の立場に留意するよう要請する。委員会は、締約国がこのような立場にしたがって差別禁止立法を強化するよう強く勧告するものである。

　40.締約国が現在、ウトロ地区に住む韓国・朝鮮人の未解決の状況に関して住民との協議を進めていることに留意しながらも、委員会は、部落の人々、沖縄の人々および

先住民族であるアイヌの人々を含む日本社会のあらゆるマイノリティ集団に対し、とくに雇用、居住および教育の分野で行なわれている法律上および事実上の差別と闘うため、締約国がひきつづき必要な措置をとるよう勧告する。

41.委員会は、締約国に対し、近代社会では受け入れられない「非嫡出子」という概念を法律および慣行から取り除くこと、婚外子に対するあらゆる形態の差別を解消するために緊急に立法上および行政上の措置をとること、さらに当事者の規約上の権利(第2条2項および第10条)を回復することを促す。

42.委員会は、締約国に対し、とりわけ雇用、労働条件、賃金ならびに代議制の政治機関、公的サービスおよび行政における地位の向上の分野でいっそうの男女平等を確保することを目的として、現行法をいっそう精力的に実施し、かつ適切なジェンダーの視点を備えた新法を採択するよう促す。

43.委員会は、締約国が、ドメスティック・バイオレンス、セクシャル・ハラスメントおよび子どもの性的搾取の事案に関する詳細な情報および統計的データを提供するよう勧告する。委員会はまた、締約国が当該犯罪の加害者に対して国内法を厳格に適用しかつ効果的な制裁を実施するようにも勧告するものである。

44.委員会は、男女雇用機会均等法のような現行法、ならびにILOが言及しているコース別雇用管理に関する指針のような関連の行政上その他のプログラムおよび政策をいっそう積極的に実施することにより、かつ同趣旨の適切な措置を新たにとることにより、同一価値労働に対する賃金に関して事実上の男女格差が存在するという問題に締約国がひきつづき対応するよう強く勧告する。

45.委員会は、締約国に対し、ILO第105号、第111号および第169号条約の批准を検討するよう奨励する。

46.委員会は、公共部門および民間部門のいずれにおいても労働時間を短縮するため、締約国が必要な立法上および行政上の措置をとるよう勧告する。

47.委員会は、締約国が、45歳以上の労働者が従前の水準の賃金および雇用安定を維持することを確保するための措置をとるよう勧告する。

48.委員会は、ILOにならい、締約国が、必須業務に携わっていない公務員および公共部門の被雇用者がストライキを組織する権利を確保するよう勧告する。

49.委員会は、原子力発電施設の安全性に関わる問題について透明性を向上させ、かつ関係住民に対してあらゆる必要な情報をいっそう公開することを勧告し、さらに、締約国に対し、原子力事故の防止および事故に対する早期対応のための計画の作成を促進するよう促す。

50.委員会は、公的年金制度の受給年齢が60歳から65歳に段階的に引き上げられることから、締約国が、65歳未満で退職する人々を対象として社会保障手当を確保するための措置をとるよう勧告する。

51.委員会は、締約国が国の年金制度に最低年金額を組み入れるよう勧告する。委員会はさらに、年金制度において根強く残っている事実上の男女格差を可能なかぎり最大限に是正するよう勧告するものである。

52.委員会は、締約国が、障害のある人々に対する差別的な法規定を廃止し、かつ障害のある人々に対するあらゆる種類の差別を禁止する法律を採択するよう勧告する。委員会はさらに、締約国に対し、公共部門における障害のある人々の法定雇用率の執行における進展を継続および加速させるよう促すものである。

53.委員会は、「従軍慰安婦」を代表する団体との協議にもとづき、被害者の期待を満たすような形で補償を行なう方法および手段に関して手遅れになる前に適切な取決めを行なうよう強く勧告する。

54.委員会は、締約国が、兵庫県に対し、とくに高齢者および障害のある人々に対するコミュニティ・サービスを改善および拡大するよう奨励することを勧告する。

55.委員会は、締約国が、規約第11条にもとづく義務にしたがい、継続する住宅ローンの支払いのため地震の被災者の貧困層が資産を売却しなければならなくなる状況を回避するのを援助することを目的として、このような被災者が倒壊した家屋の再建のために住宅金融公庫または銀行に対して負った財政上の義務を履行するのを援助するための効果的な措置を迅速にとるよう勧告する。

56.委員会は、締約国に対し、日本におけるホームレスの規模および原因を評価するための調査をみずからおよび都道府県と共同で実施するよう促す。締約国はまた、生活保護法のような現行法の全面的適用を確保するための充分な措置もとり、ホームレスの人々に対して充分な生活水準を確保するべきである。

57.委員会は、あらゆる立退き命令およびとくに裁判所の仮処分命令手続が一般的意見第4号および第7号に示された委員会の指針に一致することを確保するため、締約国が是正のための行動を起こすよう勧告する。

58.委員会は、締約国が、委員会の一般的意見第11号および第13号ならびに子どもの権利に関する委員会の一般的意見第1号を考慮にいれながら、教育制度の包括的再検討を行なうよう強く勧告する。このような再検討においては、あらゆる段階の教育がしばしば過度に競争主義的でストレスに満ちたものとなっており、その結果、生徒の不登校、病気、さらには自殺すら生じていることにとくに焦点が当てられるべきである。

59.委員会は、締約国に対し、学校教科書その他の教材において、諸問題が、規約第13条1項、委員会の一般的意見第13号および子どもの権利に関する委員会の一般的意見第1号に掲げられた教育の目的および目標を反映した公正なかつバランスのとれた方法で提示されることを確保するよう、促す。

60.委員会は、言語的マイノリティに属する生徒が相当数就学している公立学校の正規のカリキュラムに母語による教育を導入するよう強く勧告する。委員会はさらに、締約国が、マイノリティの学校およびとくに朝鮮学校が国の教育カリキュラムにしたがっている状況においては当該学校を公的に認め、それによって当該学校が補助金その他の財政援助を得られるようにすること、および、当該学校の卒業資格を大学入学試験の受験資格として承認することを勧告するものである。

61.委員会は、締約国に対し、対話のなかで充分に扱えなかった以下の問題について次回の定期報告書でいっそう広範な情報を提供するよう要請する。その問題とは、公正かつ良好な労働条件に対する権利、社会保障および保健サービスに対する外国人（資格外労働者および研修生を含む）の権利、および患者の権利である。

62.委員会は、締約国に対し、委員会の総括所見を社会のあらゆる層において広く普及し、かつ、その実施のためにとったあらゆる措置について委員会に情報を提供するよう勧告する。委員会はまた、締約国に対し、第3回定期報告書の作成の早い段階で非政府組織その他の市民社会の構成員と協議するようにも奨励するものである。

63.最後に、委員会は、締約国に対し、2006年6月30日までに第3回定期報告書を提出すること、および、この総括所見に掲げられた勧告を実施するためにとった措置に関する詳細な情報を当該報告書に記載することを、要請する。

※11項、21項および34項で「第8条2項」に対する留保とされているのは、正確には第8条1項(d)に対する留保である。
※「提案および勧告」が「D.」ではなく「E.」になっているのは原文ママ。

（訳：社会権規約NGOレポート連絡会議）

(財)アジア・太平洋人権情報センター
(ヒューライツ大阪)

国連憲章や世界人権宣言の精神にもとづき、アジア・太平洋地域の人権の伸長をめざして、1994年に設立されました。ヒューライツ大阪の目的は次の4点です。
(1) アジア・太平洋地域における人権の伸長を図る
(2) 国際的な人権伸長・保障の過程にアジア・太平洋の視点を反映させる
(3) アジア・太平洋地域における日本の国際協調・貢献に人権尊重の視点を反映させる
(4) 国際化時代にふさわしい人権意識の高揚を図る
この目的を達成するために、情報収集、調査・研究、研修・啓発、広報・出版、相談・情報サービスなどの事業を行っています。資料コーナーは市民に開放しており、人権関連の図書や国連文書、NGOの資料を閲覧したり、ビデオを観賞できます。またコピーサービスも行っています。

センターの開館時間●
平日(月〜金)の午前9時30分より午後5時
コピーサービス●
来館:1枚10円
郵送:B5・A4は1枚30円、B4・A3は1枚40円(送料別)

〒552-0007　大阪市港区弁天1-2-1-1500　オーク1番街15階
(JR環状線・地下鉄「弁天町」駅下車すぐ)
TEL.06-6577-3577〜8　FAX.06-6577-3583
E-mail●webmail@hurights.or.jp
Web●http://www.hurights.or.jp

アジア・太平洋人権レビュー2002
人種主義の実態と差別撤廃に向けた取組み

2002年6月30日　第1版第1刷発行

編者●(財)アジア・太平洋人権情報センター(ヒューライツ大阪)
発行人●成澤壽信
編集人●西村吉世江
発行所●株式会社 現代人文社
〒160-0016 東京都新宿区信濃町20 佐藤ビル201
電話●03-5379-0307(代)
FAX●03-5379-5388
E-mail●daihyo@genjin.jp(代表)
　　　　hanbai@genjin.jp(販売)
Web●http://www.genjin.jp

発売所●株式会社 大学図書
電話●03-3295-6861
FAX●03-3219-5158

印刷●株式会社シナノ
装丁●スタジオ・ポット
検印省略　Printed in JAPAN
ISBN4-87798-094-6 C3030
©2002　by Asia-Pacific Human Rights Information Center

(財)アジア・太平洋人権情報センター 編
アジア・太平洋人権レビュー●バックナンバー

アジア・太平洋人権レビュー1997
The Transformation of UN Human Rights System: its impact on the Asia-Pacific Region
国連人権システムの変動
アジア・太平洋へのインパクト

国権と覇権の狭間で：国連の人権活動の未来とアジア・太平洋地域／武者小路公秀●人権高等弁務官：レトリックと実態との狭間で／フィリップ・アルストン●国際人権条約と実施機関の役割：その変容と課題／金 東勲●女子差別撤廃条約とアジアの女性の人権／米田眞澄●国連とNGO：地球的な市民参加のうねりと人権／馬橋憲男●アジアにおける先住民族の権利確立に向けて：先住民族の権利に取り組む国連人権機構の歴史と現状／上村英明
4-906531-28-8 C3030　定価2200円（本体）＋税

アジア・太平洋人権レビュー1998
Social Development and Human Rights in Asia
アジアの社会発展と人権

社会発展論の展開／西川 潤●「対抗思潮」としての社会権：社会権規約の可能性と課題／阿部浩己●国連における「発展の権利」の検討／山崎公士●アジアにおける人権・発展に関わる課題／川村暁雄●韓国の社会発展と人権・民主化活動／金 東勲●フィリピンの開発政策における社会発展と人権：カラバルソン地域総合開発計画の展開をめぐって／ジェファーソン・プランティリア＋横山正樹●タイの社会発展と人権活動／ラダワン・タンティウィタヤピタック　インドネシアの人権状況／アリフ・ブディマン＋津留歴子●カンボジアの社会発展と人権状況／川村暁雄●インドのグローバリゼーションと先住民族の権利：生物多様性に関わる伝統的な知識の「所有」をめぐって／斎藤千宏
4-906531-48-2 C3030　定価2800円（本体）＋税

アジア・太平洋人権レビュー1999
Cultural Values and Human Rights in Asia
アジアの文化的価値と人権

人権と文化価値との調和：文献概括／ジェファーソン・プランティリア●日本と東アジアの文化的発展：新たな人権文化の可能性／武者小路公秀●アジアの文化的価値と人権の調和：アプローチの有効性：スリランカの経験／バシル・フェルナンド●韓国の展望における文化的価値と人権／オ・ビョン・ソン●ジャワの倫理的規範と人権／ジョハン・フェルディナンド●アジアの文化的価値観と人権：フィリピンの視点から／ディエゴ・G・クエジャダII＋ロメリノ・オビナリオ●インドの文化価値と人権推進／セバスチ・L・ラジ／バンシダル・プラダハン●人権とスリランカの仏教倫理／ササンカ・ペレラ●人権と文化、女性／ビナイ・スリニヴァサン
4-906531-78-4 C3030　定価2800円（本体）＋税

アジア・太平洋人権レビュー2000
Implementation of the International Covenant on Economic, Social and Cultural Rights in the Asia-Pacific Region
アジア・太平洋地域における
社会権規約の履行と課題

社会権規約の実施における国家の義務：「人権」としての社会権が意味するもの／申恵丰●アメリカ合衆国における社会権の位置づけ／釜田泰介●スウェーデンと社会権／竹崎孜●韓国における社会権の位相と課題／金 東勲●ニュージーランドにおける社会権規約の履行：11条および12条を中心に／中井伊都子●日本における社会権規約の履行と課題／米田眞澄●フィリピンにおける社会権規約の履行：住居の権利を中心として／岡田仁子●インドにおける社会権の保障／野沢萌子
4-87798-030-X C3030　定価2500円（本体）＋税

アジア・太平洋人権レビュー2001
Initiatives and Challenges Against Domestic Violence in the Asia-Pacific Region
ドメスティック・バイオレンスに対する取組みと課題

日本のDV防止法の成立と問題点／戒能民江●韓国の性暴力・家庭暴力関連法施行状況と課題／金在仁●台湾におけるDV防止法について／戒能民江●インドネシアにおけるDVの法的枠組み／リタ・セレナ・コリボンソ●タイにおける女性に対するDV：男らしさと男性加害者／ビラダ・ソムスワスディ●DV禁止法に関するマレーシアの経験／アイヴィ・ジョサイアー＋ショーバ・アイヤー●バングラデシュにおける女性に対する暴力の考察／サイラ・ラフマン●DVとニュージーランドの女性／ファリダ・スルタナ●資料1／家庭内における女性に対する暴力：ラディカ・クマラスワミ報告（抜粋）●資料2／女性に対する暴力の撤廃に関する宣言（外務省仮訳）
4-87798-056-3 C3030　定価2500円（本体）＋税

(財)アジア・太平洋人権情報センター
(ヒューライツ大阪)

国連憲章や世界人権宣言の精神にもとづき、アジア・太平洋地域の人権の伸長をめざして、1994年に設立されました。ヒューライツ大阪の目的は次の4点です。
(1)アジア・太平洋地域における人権の伸長を図る
(2)国際的な人権伸長・保障の過程にアジア・太平洋の視点を反映させる
(3)アジア・太平洋地域における日本の国際協調・貢献に人権尊重の視点を反映させる
(4)国際化時代にふさわしい人権意識の高揚を図る

この目的を達成するために、情報収集、調査・研究、研修・啓発、広報・出版、相談・情報サービスなどの事業を行っています。資料コーナーは市民に開放しており、人権関連の図書や国連文書、NGOの資料を閲覧したり、ビデオを観賞できます。またコピーサービスも行っています。

センターの開館時間●
平日(月〜金)の午前9時30分より午後5時
コピーサービス●
来館：1枚10円
郵送：B5・A4は1枚30円、B4・A3は1枚40円（送料別）

〒552-0007　大阪市港区弁天1-2-1-1500　オーク1番街15階
(JR環状線・地下鉄「弁天町」駅下車すぐ)
TEL.06-6577-3577〜8　FAX.06-6577-3583
E-mail●webmail@hurights.or.jp
Web●http://www.hurights.or.jp

アジア・太平洋人権レビュー2002
人種主義の実態と差別撤廃に向けた取組み

2002年6月30日　第1版第1刷発行

編者●(財)アジア・太平洋人権情報センター(ヒューライツ大阪)
発行人●成澤壽信
編集人●西村吉世江
発行所●株式会社　現代人文社
〒160-0016 東京都新宿区信濃町20 佐藤ビル201
電話●03-5379-0307(代)
FAX●03-5379-5388
E-mail●daihyo@genjin.jp (代表)
　　　　hanbai@genjin.jp (販売)
Web●http://www.genjin.jp

発売所●株式会社　大学図書
電話●03-3295-6861
FAX●03-3219-5158

印刷●株式会社シナノ
装丁●スタジオ・ポット
検印省略　Printed in JAPAN
ISBN4-87798-094-6 C3030
©2002　by Asia-Pacific Human Rights Information Center

(財)アジア・太平洋人権情報センター 編
アジア・太平洋人権レビュー●バックナンバー

アジア・太平洋人権レビュー1997
The Transformation of UN Human Rights System: its impact on the Asia-Pacific Region
国連人権システムの変動
アジア・太平洋へのインパクト

国権と覇権の狭間で:国連の人権活動の未来とアジア・太平洋地域/武者小路公秀●人権高等弁務官:レトリックと実態との狭間で/フィリップ・アルストン●国際人権条約と実施機関の役割:その変容と課題/金 東勲●女子差別撤廃条約とアジアの女性の人権/米田眞澄●国連とNGO:地球的な市民参加のうねりと人権/馬橋憲男●アジアにおける先住民族の権利確立に向けて:先住民族の権利に取り組む国連人権機構の歴史と現状/上村英明
4-906531-28-8 C3030　定価2200円(本体)+税

アジア・太平洋人権レビュー1998
Social Development and Human Rights in Asia
アジアの社会発展と人権

社会発展論の展開/西川 潤●「対抗思潮」としての社会権:社会権規約の可能性と課題/阿部浩己●国連における「発展の権利」の検討/山崎公士●アジアにおける人権・発展に関わる課題/川村暁雄●韓国の社会発展と人権・民主化活動/金 東勲●フィリピンの開発政策における社会発展と人権:カラバルソン地域総合開発計画の展開をめぐって/ジェファーソン・プランティリア+横山正樹●タイの社会発展と人権活動/ラダワン・タンティウィタヤピタック　インドネシアの人権状況/アリフ・ブディマン+津留歴子●カンボジアの社会発展と人権状況/川村暁雄●インドのグローバリゼーションと先住民族の権利:生物多様性に関わる伝統的な知識の「所有」をめぐって/斎藤千宏
4-906531-48-2 C3030　定価2800円(本体)+税

アジア・太平洋人権レビュー1999
Cultural Values and Human Rights in Asia
アジアの文化的価値と人権

人権と文化価値との調和:文献概括/ジェファーソン・プランティリア●日本と東アジアの文化的発展:新たな人権文化の可能性/武者小路公秀●アジアの文化的価値と人権の調和:アプローチの有効性:スリランカの経験/バシル・フェルナンド●韓国の展望における文化的価値と人権/オ・ビョン-ソン●ジャワの倫理的規範と人権/ジョハン・フェルディナンド●アジアの文化的価値観と人権:フィリピンの視点から/ディエゴ・G・クエジャダⅡ+ロメリノ・オビナリオ●インドの文化価値と人権推進/セバスチ・L・ラジ/バンシダル・プラダハン●人権とスリランカの仏教倫理/ササンカ・ペレラ●人権と文化、女性/ビナイ・スリニヴァサン
4-906531-78-4 C3030　定価2800円(本体)+税

アジア・太平洋人権レビュー2000
Implementation of the International Covenant on Economic, Social and Cultural Rights in the Asia-Pacific Region
アジア・太平洋地域における
社会権規約の履行と課題

社会権規約の実施における国家の義務:「人権」としての社会権が意味するもの/申恵丰●アメリカ合衆国における社会権の位置づけ/釜田泰介●スウェーデンと社会権/竹崎孜●韓国における社会権の位相と課題/金 東勲●ニュージーランドにおける社会権規約の履行:11条および12条を中心に/中井伊都子●日本における社会権規約の履行と課題/米田眞澄●フィリピンにおける社会権規約の履行:住居の権利を中心として/岡田仁子●インドにおける社会権の保障/野沢萌子
4-87798-030-X C3030　定価2500円(本体)+税

アジア・太平洋人権レビュー2001
Initiatives and Challenges Against Domestic Violence in the Asia-Pacific Region
ドメスティック・バイオレンスに対する取組みと課題

日本のDV防止法の成立と問題点/戒能民江●韓国の性暴力・家庭暴力関連法施行状況と課題/金在仁●台湾におけるDV防止法について/戒能民江●インドネシアにおけるDVの法的枠組み/リタ・セレナ・コリボンソ●タイにおける女性に対するDV:男らしさと男性加害者/ビラダ・ソムスワスディ●DV禁止法に関するマレーシアの経験/アイヴィ・ジョサイアー+ショーバ・アイヤー●バングラデシュにおける女性に対する暴力の考察/サイラ・ラフマン●DVとニュージーランドの女性/ファリダ・スルタナ●資料1/家庭内における女性に対する暴力:ラディカ・クマラスワミ報告(抜粋)●資料2/女性に対する暴力の撤廃に関する宣言(外務省仮訳)
4-87798-056-3 C3030　定価2500円(本体)+税